크리에이터를 꿈꾸는 어린이를 위한

유튜브 탐구 생활

크리에이터를 꿈꾸는 어린이를 위한

유튜브 탐구 생활

연유진 글 | 윤유리 그림

작가의 말

　　EBS 교육 방송이 초등학생 2천여 명에게 '닮고 싶은 인물'을 물었습니다. 1위는 김연아 선수, 2위는 세종 대왕과 개그맨 유재석이었고, 3위가 유튜브에서 활동하는 인기 스타 '도티'였습니다. 저는 설문 조사를 보고 깜짝 놀랐습니다. 유튜브 스타가 부모님 세대 때부터 존경하는 인물에서 빠지지 않던 이순신 장군을 4위로 밀어냈으니까요.

　　또한 '초등학생 희망 직업'을 조사한 결과(2018년 교육부·한국직업능력개발원)도 놀라웠습니다. 운동선수, 교사, 의사, 요리사에 이어 유튜브에서 방송하는 유튜버가 초등학생이 갖고 싶은 직업 5위였거든요. 방송을 좋아한다면 기자나 프로듀서(PD)를 꿈꾸는 게 공식과도 같았던 저에게는 상상도 못 했던 대답이었죠.

　　이렇게 저를 깜짝 놀라게 한 어린이 여러분의 대답은 무엇을 의미할까요? 가장 먼저 떠

오르는 사실은 동영상을 볼 수 있는 유튜브라는 '디지털 미디어 플랫폼'이 어린이들의 삶에 정말 깊숙이 들어왔다는 것이에요. 텔레비전보다 스마트폰을 켜는 게 더 익숙한 어린이들은 연예인이 나오는 텔레비전 예능 프로그램도 유튜브에 올라온 편집 영상으로 많이 보고 있어요.

게다가 한 가지 또 중요한 사실은 많은 어린이가 단순히 동영상을 보는 '시청자'를 넘어 동영상을 만드는 '크리에이터'가 되고 싶다는 것이죠.

유튜브 세상에서는 누구나 스마트폰을 이용해서 직접 동영상을 찍고, 편집해서 올릴 수 있어요. 덕분에 유튜브에는 그동안 텔레비전에서 볼 수 없었던 새로운 이야기를 담은 동영상들이 넘쳐 나게 됐어요. 이게 바로 유튜브가 텔레비전을 넘어 대세가 된 비결이에요.

　물론 유튜브에는 너무 자극적이어서 어린이가 보기 불편한 영상이나, '가짜 뉴스'를 담은 영상이 올라와 있어요. 그래서 어린이 여러분이 유튜브를 올바르게 사용하기 위해서는 시청자이자 크리에이터로서 균형 잡힌 생각을 할 수 있어야 해요. 그러려면 일단 여러분은 새로운 콘텐츠(글, 그림, 영상 등 미디어를 통해 전해지는 것)가 어떻게 만들어지는지 알아야 해요. 유튜브 세상 속 동영상을 보는 데 너무 빠져서 우리가 진짜 사는 세상을 잊어서도 안 돼요. 또한 유튜브를 통해 전해지는 '나쁜 동영상'을 피하고 정보와 재미를 담은 좋은 콘텐츠를 찾아내는 눈을 길러야 합니다. 이러한 눈을 우리는 '디지털 리터러시'라고 불러요.

　또한 우리가 좋은 콘텐츠를 만드는 법도 알고 있음 좋겠지요? 동영상을 만들면서 다른 사람이 가진 권리를 빼앗거나 피해를 주지 않는 법, 크리에이터에게 쏟아지는 '악플'과 같은 사이버 폭력으로부터 자신을 지키는 방법도 배워야 해요.

  이 책을 읽으며 차근차근 따라오면 어린이 여러분은 어느덧 시청자이자 크리에이터로서 유튜브를 제대로 활용할 수 있는 방법을 알게 될 거예요. 그럼 지금부터 유튜브 세상을 샅샅이 파헤치러 출발해 볼까요?

차례

작가의 말　4
부록　크리에이터를 꿈꾸는 어린이를 위한 지도　132

1장. 유튜브 없이는 못 살아?

01 우리는 유튜브에 푹 빠졌어요　12
Tip 유튜브 최초의 영상은?　15
02 스티브 잡스가 만들어 낸 나비 효과　16
03 누구나 1인 방송국이 될 수 있다　19
04 유튜브는 동영상이 모이는 승강장　21
05 "이렇게 많은 영상 중에 하나쯤은 좋아하겠지?"　23
Tip 방탄소년단의 인기에 유튜브도 한몫했다고?　26
06 나는 네가 좋아하는 걸 알고 있다　28
Tip '데이터 욕심쟁이' 유튜브, 빅 브라더가 될까?　30
읽을거리 위기의 매스 미디어, 앞날은?　32

2장. 똑똑하게 유튜브 시청하기

01 '1인 방송국 시대'가 불러온 부작용　38
02 진실을 가리는 허위 정보, 얼마나 무서울까?　42
Tip 눈에 보이는 것도 믿을 수 없다, 딥페이크　44
03 혹시 메아리 방에 갇혀 있지 않나요?　46
04 유튜버들의 삶은 늘 멋지고 화려할까?　50
05 디지털 리터러시가 제일 중요해　53
06 나를 믿을 수 있다면 '구독'을 눌러 줘　57
읽을거리 1인 방송, 규제해야 할까?　60

3장. 현명한 유튜버 되기

01 '사이버 폭력'은 왜 생길까?　66
02 사이버 폭력에서 나를 지키는 법　69
Tip 댓글을 깨끗하게 관리하는 방법　71
03 소중한 저작권을 보호해요　72
04 북튜버, 커버 댄스 동영상이 불법이 될 수 있다고요?　75
05 저작권을 지키는 착한 콘텐츠 만들기　78
읽을거리 디지털 세상에서 저작권이 더 중요한 이유　82

4장. 실전, 유튜버 되기!

01 어떤 콘텐츠를 만들지?　88
02 잘 만든 동영상에는 '밑그림'이 있다　90
Tip 유튜브의 대표적인 영상들　94
03 일단 스마트폰만 있으면 돼　95
Tip 영상을 만드는 데 필요한 전문 장비와 프로그램　98
04 잘 만든 영상보다 더 중요한 건 첫인상　99
05 유튜브로 돈을 벌고 싶다고?　102
Tip 유튜버를 도와주는 엠씨엔(MCN)　104
읽을거리 어린이 유튜버, 인권도 지켜 주세요　106

5장. 미래 미디어 세상은 어떨까?

01 유튜브를 위협하는 새로운 플랫폼　112
02 가상 현실(VR)을 입고 더 강력해질 디지털 미디어　115
03 인공 지능이 골라 주는 정보, 믿어도 될까?　118
04 로봇 기자, 버츄얼 크리에이터가 온다　121
05 믿을 수 있는 미디어 세상을 만들려면　125
읽을거리 공룡이 된 플랫폼과 '표현의 자유'　128

1장

유튜브 없이는 못 살아?

요즘 어린이 여러분을 'Z세대'라고 불러요.
이전 세대와 달리 필요한 정보를 찾고 즐거움을 찾는 모든 일을
동영상으로 하기 때문이에요.
동영상을 보기 위해 여러분이 어김없이 찾는 곳은 바로 유튜브입니다.
2005년 처음 세상에 태어난 유튜브는 스마트폰의 발명과 함께
어느덧 대세가 되었습니다.
유튜브에는 엄청나게 다양한 영상들이 올라와 있어요.
유튜브가 내 취향에 맞춰 추천해 주는 영상을 보다 보면
시간이 가는 줄 모를 정도랍니다. 그런데 유튜브는 어떻게
세상 모든 동영상이 올라오는 공간이 되었을까요?
지금부터 유튜브가 이렇게 인기를 얻게 된 비결을 함께 알아봐요.

01 유튜브 없이는 못 살아?

우리는 유튜브에 푹 빠졌어요

어린이 여러분은 요즘 자유 시간이 생기면 무엇을 하나요? 아마 자연스럽게 스마트폰을 즐기는 친구들이 많을 거예요. 카카오톡, 페이스북 메신저로 친구들과 이야기하거나, 게임을 하며 공부 스트레스를 풀거나, 아니면 유튜브로 동영상을 볼 거예요. 그렇지 않나요?

2020년에 한 조사에 따르면 한국인이 가장 많이 쓰는 앱은 유튜브이고, 10대가 가장 긴 시간 사용한대요.

유튜브에는 정말 없는 게 없어요. 내가 직접 게임을 하는 것보다 훨씬 재미있게 게임을 해 주는 크리에이터(유튜브와 같은 디지털 미디어 플랫폼에 콘텐츠를 만들고 올리는 사람이에요. 콘텐츠(Contents)는 영어로 '내용물'이라는 뜻인데 동영상, 글, 음악, 그림처럼 미디어를 통해 우리에게 정보와 재미를 주는 것들을 말해요.)들의 채널을 보고 있으면 시간이 어떻게 가는지 몰라요. 학교에서 공부하다 잘 이해가 되지 않던 걸 찾아보면 그 주제에 대해 친절하게 설명해 주는 영상도 있어요.

사람들이 좋아하는 영상을 만드는 크리에이터는 팬도 아주 많아요. 인기 크리에이터가 선거에 참여해 달라는 '투표 인증' 영상이나 플라스틱 사용을 줄이자는 '제로 플라스틱 운동'과 같은 영상을 올려서 그의 영상을 구독하는 사람들의 행동과 실천을 이끌어 내기도 해요.

그래서 구독자가 많은 크리에이터를 '인플루언서(Influencer)'라고 부르기도 한답니다. 다른 사람들에게 영향을 끼치는 사람이라는 뜻이에요.

물론 인기 크리에이터가 되는 건 정말 쉽지 않아요. 매일 꾸준하게 영상을 만들어야 하고 사람들이 좋아할 재미있고 유익한 콘텐츠를 만들려면 늘 아이디어를 고민해야 하니까요. 그래야만 엄청난 경쟁을 뚫고 시청자들의 사랑을 받을 수 있어요. 또, 구독자를 늘리려면 시청자들과 끊임없는 소통

도 해야 하지요.

　그럼에도 불구하고 많은 어린이가 유튜버가 되기를 꿈꾸며 직접 유튜브 채널을 만들어요. 스마트폰으로 수시로 영상을 찍어서 올리기도 해요. 그러고 보니 오늘 하루 텔레비전 앞에 앉거나 신문을 펼친 적이 한 번도 없다고요? 무료함을 날려 줄 예능도, 궁금증을 해결해 줄 정보도, 세상 돌아가는 소식을 알려 주는 뉴스도 다 유튜브로 찾아볼 수 있으니까요.

유튜브 최초의 영상은?

2005년 4월 23일에 공개된 '동물원에서(Me at the Zoo)'라는 제목의 영상입니다. 미국 샌디에이고 동물원에서 코끼리를 소개하는 18초짜리 영상이지요. 그런데 이 짧은 영상은 훗날 미디어 산업의 역사를 바꿨다는 평가를 받고 있어요. 그 이유는 영상에 달린 설명을 보면 짐작할 수 있답니다.

"유튜브에 올라온 최초의 영상. 아마 동물원에 다시 돌아갈 시간인 것 같지?"

'페이팔'이라는 회사에서 만난 채드 헐리, 스티브 첸, 조드 카림은 친구들과 파티에서 찍은 동영상을 함께 보고 싶었어요. 그러다 '동영상을 쉽게 공유할 수 있는 서비스'를 개발하자는 아이디어가 떠올랐고, 2005년 2월 유튜브를 만들었습니다. '동물원에서(Me at the Zoo)'는 창업자인 조드 카림이 서비스가 제대로 되는지 보기 위해 올린 최초의 영상이었어요. 당시엔 유튜브가 사람들에게 공개되기 전이었죠. 유튜브는 그해 11월이 돼서 정식 서비스를 시작합니다.

직접 찍은 동영상을 올린 뒤 블로그와 웹 페이지에 사이트 주소만 넣으면 다른 사람들이 쉽게 영상을 볼 수 있게 되자, 유튜브에 대한 입소문이 빠르게 퍼졌습니다. 이걸 본 미국의 검색 서비스 회사인 구글은 유튜브의 잠재력에 주목하게 됐고 무려 16억 달러(약 1조 9,000억 원)를 주고 유튜브를 샀어요. 첫 영상이 올라간 지 고작 1년 반밖에 안 된 서비스를 이렇게 비싸게 사다니, 정말 대단하지요?

그런데 지금 유튜브가 바꿔 놓은 우리 생활을 보면 구글의 결정에 고개를 끄덕이게 되네요. 이제 유튜브를 사려면 구글이 산 금액보다 100배가 비싼 1,600억 달러(약 190조 원)를 줘야 한답니다.

02 유튜브없이는 못 살아?

스티브 잡스가 만들어 낸 나비 효과

"오늘 애플이 휴대폰을 새롭게 다시 발명할 것입니다(Today, Apple is going to reinvent the phone)!"

2007년 6월에 지금은 고인이 된, 애플의 창업주 스티브 잡스가 전설적인 발표를 했습니다. 휴대 전화, 인터넷 통신 기기, MP3 플레이어를 하나로 합친 혁신적인 기기 '아이폰'을 선보였지요. 아이폰은 볼록 튀어 나온 자판을 꾹꾹 누르지 않고, 평면에 손가락 끝을 가져다 대는 것만으로 기기를 조작할 수 있었어요. 사람들은 애플의 아이폰을 진정한 '스마트폰(Smart Phone)'의 시초라고 불렀습니다.

아이폰을 필두로 한 스마트폰의 등장은 우리 삶의 방식을 바꾼 역사적이고도 충격적인 사건이었어요. 이제 사람들은 한 손에 잡히는 작은 스마트폰으로 언제 어디서나 인터넷 접속이 가능했어요. 원하는 정보가 있으면 주머니에서 스마트폰을 꺼내 검색하면 금방 구할 수 있지요.

자연스럽게 스마트폰은 수많은 미디어를 대신하기 시작했어요. 처음에 스마트폰에 자리를 위협 받은 건 신문이었어요. 스마트폰으로 네이버, 다음과 같은 포털 사이트에서 실시간으로 뉴스를 확인하게 되자 사람들은 종이 신문을 보지 않았어요. 10년 전까지만 해도 버스나 지하철을 타면 종이 신문을 보는 사람을 쉽게 볼 수 있었지만, 이제는 찾아보기 어렵

게 되었죠. 종이책도 마찬가지예요. 많은 사람들이 스마트폰으로 전자책을 보거나 책을 거의 안 보게 되었어요. 대부분의 정보와 이야기를 스마트폰을 통해 얻으니까요.

 통신과 전송 기술은 점점 발전해서 3세대(3G), 4세대(LTE) 이동 통신을 넘어 5세대(5G) 이동 통신 시대가 되었고 스마트폰으로 데이터를 주고받는 속도가 엄청나게 빨라졌어요. 그래서 실시간 재생 서비스(음악이나 동영상 파일을 내려받지 않아도 곧바로 재생해 주는 서비스. 스트리밍 서비스(Streaming service)라고 해요.)도 가능해졌지요.

 짧은 시간 안에 스마트폰은 사람들이 음악, 기사, 영상과 같은 콘텐츠를 소비하는 방법을 완전히 바꿔 놓았답니다.

03 유튜브없이는못살아?

누구나
1인 방송국이
될 수 있다

스마트폰은 음악이나 영상, 글과 같은 콘텐츠를 소비하는 방법만 바꿔 놓은 게 아니에요.

모든 사람을 콘텐츠를 만들 수 있는 1인 방송국과 1인 신문사로 만들어 버렸답니다. 이게 어떤 의미인지 차근차근 살펴볼까요?

20년 전만 해도 사진이나 동영상을 찍으려면 카메라나 캠코더를 따로 들고 다녀야 했어요. 카메라나 캠코더는 수백만 원에 이를 정도로 비쌌기 때문에 여러분과 같은 어린이는 물론 어른들도 누구나 가지고 다니기 어려웠어요.

그런데 이제는 누구나 스마트폰만 있으면 사진이나 동영상을 찍을 수 있어요. 또 컴퓨터가 없어도 사진을 자르거나 동영상에 간단한 자막을 붙이는 편집도 스마트폰으로 할 수 있어요. 그래서 과거에는 신문사나 방송사들만 할 수 있었던 사진 기사나 영상물 제작을 누구나 할 수 있게 됐어요.

그뿐만이 아니에요. 스마트폰을 이용하면 자기가 만든 영상물을 사람들에게 보여 주는 일도 아주 쉬워요.

20년 전에는 멋진 영상을 만들었다고 하더라도 이걸 대중에게 보여 줄 기회를 얻는 건 '하늘의 별 따기'였어요. 제작한 영상을 전국으로 방영할 수 있는 능력을 갖춘 건 KBS, MBC, SBS와 같은 커다란 방송국밖에 없었어요. 주파수를 할당 받고 전파를 쏘아 올리는 데 필요한 송출 장비를 갖추려면 어마어마한 돈이 드니까요. 그래서 방송국은 콘텐츠를 만드는 일뿐만 아니라 사람들이 볼 수 있도록 영상을 전송하는 일을 독차지할 수 있었습니다.

그런데 지금은 누구나 자신이 찍은 영상을 쉽게 사람들에게 보여 줄 수 있어요. 동영상 사이트나 SNS에 영상을 올리기만 하면 시청자들은 스마트폰으로 쉽게 볼 수 있으니까요. 이 과정에서 동영상을 만든 사람이나 보는 사람이 내야 하는 비용은 거의 없답니다.

04 유튜브없이는 못 살아?

유튜브는 동영상이 모이는 승강장

누구나 쉽게 영상을 만들어서 여러 사람이 자유롭게 볼 수 있게 하는 데에는 스마트폰 외에 중요한 역할을 한 다른 게 있어요. 바로 영상을 만드는 크리에이터들과 여러 영상을 보고 싶어 하는 시청자들이 모이는 '공간'이지요. 미국의 유튜브, 한국의 판도라 TV, 네이버 TV, 카카오 TV와 같은 서비스예요. 이러한 서비스를 '디지털 미디어 플랫폼'이라고 해요.

플랫폼은 역에서 기차를 타고 내릴 수 있는 곳으로 승객들과 배웅하는 사람들로 늘 분주하지요. 유튜브와 같은 온라인 공간도 상품이나 서비스를 공급하는 사람들

이 모여들어 승강장처럼 만나고 헤어진다는 뜻에서 플랫폼이라는 이름이 붙여졌어요. 디지털 미디어 플랫폼 덕분에 영상을 만드는 크리에이터와 영상을 보고 싶은 시청자들은 서로를 일일이 찾아다니지 않아도 된답니다.

   우리의 눈과 귀가 디지털 미디어 플랫폼으로 쏠리면서 콘텐츠의 제작과 유통을 동시에 담당했던 방송사와 신문사의 미디어 권력이 유튜브와 같은 플랫폼으로 일부 옮겨 갔어요. 텔레비전 속 연예인들이 유튜브 플랫폼으로 들어갈 정도니까요.

유튜브 없이는 못 살아?

"이렇게 많은 영상 중에 하나쯤은 좋아하겠지?"

우리가 유튜브에 푹 빠지게 된 데는 이유가 있어요.

디지털 미디어 세상에 앞서 우리는 매스 미디어 세상을 살았어요. 매스 미디어는 책, 신문, 텔레비전처럼 많은 사람에게 대량으로 정보를 전하는 매체예요. 이런 매체는 남녀노소를 가리지 않고 수많은 사람들에게 같은 콘텐츠를 동시에 보여 주는 특징이 있어요. 왜냐고요?

매스 미디어는 콘텐츠를 만드는 데에 비용이 많이 들어갔어요. 방송국에서 드라마 한 편을 만드는 데 필요한 사람들만 생각해 봐요. 기획자, 프로듀서, 작가, 촬영 기사, 출연자, 의상 담당 코디네이터, 무대 제작자 등 수백 명이 있어야 하고 모두에게 열심히 일한 대가를 줘야 하잖아요.

　제작하는 비용이 많이 들다 보니, '출생의 비밀', '삼각관계'와 같은 '한국 드라마 공식'이 생긴 거예요. 누구나 내용을 추측할 수 있고, 좋아할 요소들을 모은 공식을 따라서 드라마를 만들면 적어도 망할 위험을 피하니까요.

　하지만 디지털 미디어 세상은 달라요. 유튜브에서 활동하는 영상 제작자들을 보면, 한두 명이 영상을 만드니 제작비가 거의 들지 않거나 적게 들어요. 또, 영상을 하나가 아닌 여러 개를 올려놓으니 시청자들이 자기 취향에 따라 알아서 골라 보지요. 그래서 하나의 영상이 실패를 해도 제작자가 별로 손해를 보지 않아요. 또 콘텐츠 만드는 데 들어가는 시간과 돈을 취미 생활을 위한 지출 정도로 생각하는 사람도 많아요.

그러다 보니 유튜브에는 엄청나게 다양한 콘텐츠가 올라와요. 물론 올라오는 영상이 방송국에서 만든 것처럼 화려하지 않아요. 하지만 유튜브와 같은 사이트를 이용하는 사람들은 대부분 영상의 화려함을 따지기 보다는 내용의 재미와 정보성을 더 중요하게 여겨요. 그래서 유튜브에선 텔레비전에서 보기 어려웠던 주제와 형식의 콘텐츠들을 볼 수 있어요. 그것도 아주 많이요. 이 중 몇 개는 우리의 취향을 완벽하게 저격하죠. 마치 유튜브가 "이렇게 많은 영상 중에 네가 좋아하는 거 하나쯤은 있지 않아?"라고 말하는 것 같군요.

예를 하나 들면, 유튜브에서 인기를 끌고 있는 '자율 감각 쾌락 반응(ASMR)' 콘텐츠가 있어요. 한 시간 내내 바람 소리, 촛불이 타들어 가는 소리가 나오는 영상이랍니다. 너무 지루할 것 같다고요? 그런데 이걸 매일 시청하며 잠을 청하고 심리적 안정감을 얻는 사람도 있더라고요.

게임 하는 장면을 녹화한 콘텐츠도 마찬가지예요. 여러분의 부모님들은 차라리 게임을 직접 하지 그걸 왜 보고 있냐고 잔소리를 하시지만, 여러분은 너무나 재미있게 이런 방송을 보고 있잖아요?

그러니까 유튜브가 지금과 같은 인기를 끌게 된 건 셀 수 없이 다양한 종류의 개성 있는 콘텐츠가 있기 때문이에요. 그래서 사람들은 유튜브가 콘텐츠의 '다품종 소량 생산'을 열었다고 한답니다.

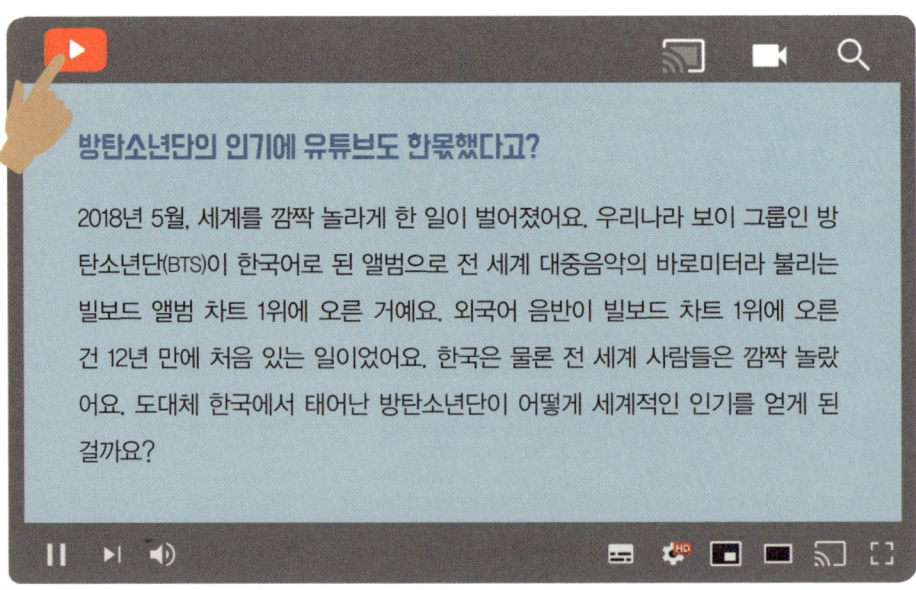

방탄소년단의 인기에 유튜브도 한몫했다고?

2018년 5월, 세계를 깜짝 놀라게 한 일이 벌어졌어요. 우리나라 보이 그룹인 방탄소년단(BTS)이 한국어로 된 앨범으로 전 세계 대중음악의 바로미터라 불리는 빌보드 앨범 차트 1위에 오른 거예요. 외국어 음반이 빌보드 차트 1위에 오른 건 12년 만에 처음 있는 일이었어요. 한국은 물론 전 세계 사람들은 깜짝 놀랐어요. 도대체 한국에서 태어난 방탄소년단이 어떻게 세계적인 인기를 얻게 된 걸까요?

방탄소년단의 성공은 멤버들의 음악적인 재능과 노력 그리고 SNS를 통해 팬들과 꾸준히 소통하면서 발산한 인간적인 매력이 있기 때문이라고 해요. 하지만 한국을 넘어 전 세계 사람들에게 방탄소년단을 알려 세계적인 가수로 만든 건 유튜브를 비롯한 디지털 미디어 플랫폼의 힘이 아주 컸답니다.

과거에 사람들이 가수들의 춤과 노래를 접했던 텔레비전이나 라디오와 같은 매스 미디어에서는 우리나라 가수가 아닌 외국 가수의 음악은 잘 소개해 주지 않았어요. 세계적으로 이미 유명한 몇몇 가수의 노래만 소개해 주었지요. 심지어 힙합 등의 장르 음악은 더욱더 접할 기회가 없었어요. 왜냐하면 매스 미디어는 다수의 사람들을 위한 매체여서 최대한 많은 사람의 취향에 맞추기 때문이에요. 하지만 유튜브에서는 달라요. 개인마다 자주 듣고 찾는 음악 장르에 따라 다양한 음악을 추천해 주거든요. 그러다 보니 방탄소년단처럼 한국어로 된 음악도 국경을 넘어 소개되어서 다른 나라 사람들도 방탄소년단의 음악을 접할 기회를 얻게 됐답니다. 뮤직비디오부터 커버 댄스(특정 케이 팝 스타의 춤을 그대로 따라 추는 춤), 각종 인터뷰까지 다양한 형태의 영상으로 말이죠. 이렇게 방탄소년단을 접한 외국인들은 자연스럽게 팬인 아미(ARMY)가 됐습니다.

어때요, 이쯤 되면 방탄소년단의 매력을 전파하는 데 유튜브가 한몫을 톡톡히 담당했다고 할 만하지요?

06 유튜브없이는 못 살아?

나는
네가 좋아하는 걸
알고 있다

    유튜브에는 1분에 무려 400시간 분량의 영상이 올라오고 있어요. 1시간이면 2만 4천 시간 분량의 영상이 올라오는 것이지요. 이렇게 엄청난 분량의 영상이 올라오니까 일어나는 문제가 있어요. 내가 좋아할 만한 크리에이터나 내가 볼만한 영상을 찾기가 어렵다는 거예요.
    그래서 유튜브는 수많은 영상 중에서 우리가 좋아할 만한 것을 추천해 줘요. 정보를 바탕으로 작동하는 '알고리즘'을 이용해서 말이죠. 알고리즘은 어떤 문제를 해결하려고 입력한 정보를 바탕으로 원하는 답을 얻는 과정을 규칙화한 것이에요.
    유튜브는 알고리즘으로 사용자가 그동안 본 영상들과 검색한 기록 등의 정보를 분석해서 취향에 맞는 동영상을 찾아 줍니다. 예를 들어 여러분이 유튜브에 가입한 뒤 뮤직비디오를 주로 찾아봤다고 해 봐요. 또 대한민국 서울에서 접속했다면 이러한 정보를 바탕으로 유튜브는 새로 음원을 발표한 케이팝 가수의 뮤직비디오를 추천 동영상에 올려 줄 거예요.

물론 '알고리즘'이 만능은 아니에요. 엉뚱한 동영상을 찾아 주기도 해요. 예를 들어 컴퓨터로 게임을 하는 영상을 보고 싶어 '게임'을 검색했는데 스포츠 경기를 보여 주는 식으로요. 또 나이에 맞지 않는 자극적인 영상을 보여 주기도 하죠. 그렇지만 사용자에 대한 데이터가 많이 쌓이면 쌓일수록 알고리즘의 실수는 줄어든답니다.

아울러 유튜브는 광고까지 사용자에 맞춰 보여 주는 시도를 하고 있어요. IT 기기 작동법을 알려 주는 영상에는 IT 기기에 대한 광고가, 게임 영상에는 새로운 모바일 게임에 관한 광고가 나오는 식이에요. 이렇게 해 주면 사람들이 광고를 집중해서 볼 확률이 더 높겠죠? 평소 사고 싶었던 물건에 대한 동영상은 광고가 아닌 정보처럼 느껴질 테니까요.

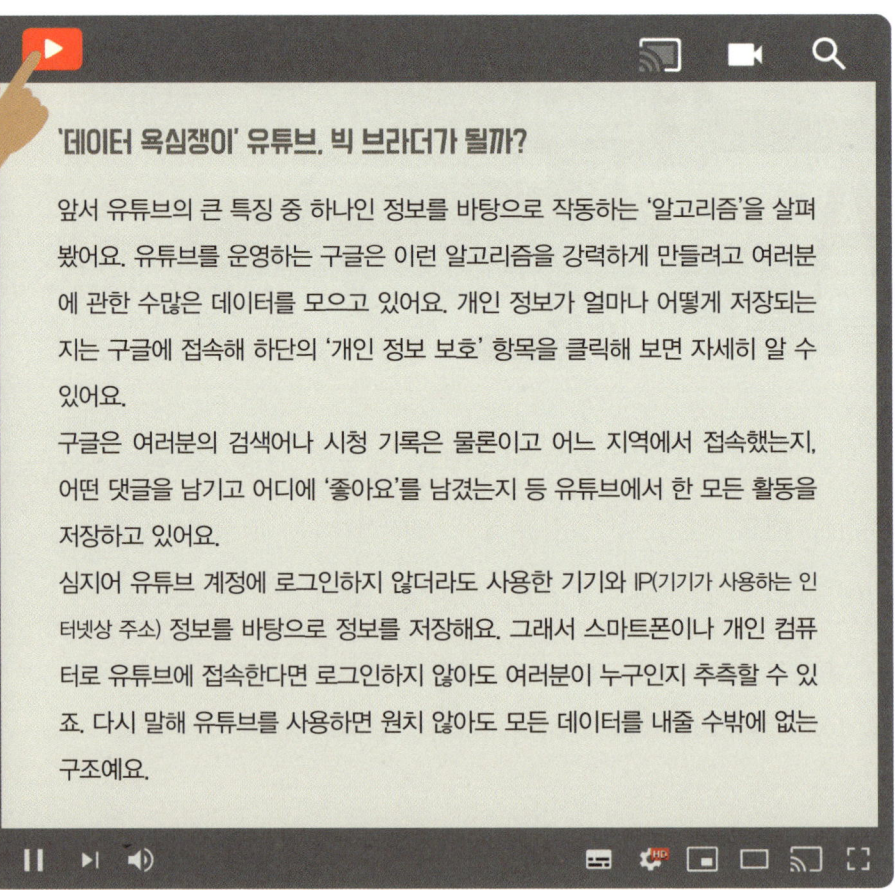

'데이터 욕심쟁이' 유튜브, 빅 브라더가 될까?

앞서 유튜브의 큰 특징 중 하나인 정보를 바탕으로 작동하는 '알고리즘'을 살펴봤어요. 유튜브를 운영하는 구글은 이런 알고리즘을 강력하게 만들려고 여러분에 관한 수많은 데이터를 모으고 있어요. 개인 정보가 얼마나 어떻게 저장되는지는 구글에 접속해 하단의 '개인 정보 보호' 항목을 클릭해 보면 자세히 알 수 있어요.

구글은 여러분의 검색어나 시청 기록은 물론이고 어느 지역에서 접속했는지, 어떤 댓글을 남기고 어디에 '좋아요'를 남겼는지 등 유튜브에서 한 모든 활동을 저장하고 있어요.

심지어 유튜브 계정에 로그인하지 않더라도 사용한 기기와 IP(기기가 사용하는 인터넷상 주소) 정보를 바탕으로 정보를 저장해요. 그래서 스마트폰이나 개인 컴퓨터로 유튜브에 접속한다면 로그인하지 않아도 여러분이 누구인지 추측할 수 있죠. 다시 말해 유튜브를 사용하면 원치 않아도 모든 데이터를 내줄 수밖에 없는 구조예요.

사실 구글을 비롯해 페이스북, 네이버, 카카오 등 IT 회사들은 정도의 차이가 있지만 모두 이런 식으로 데이터 저장을 하고 있답니다. 새로운 서비스를 개발하고 사람들에게 알리는 데 데이터를 활용하기 위해서죠. 그러니까 우리가 남기는 흔적은 서비스를 공짜로 사용하는 대가라고 볼 수도 있어요.

그런데 누군가 우리가 온라인에 남기는 흔적을 모두 알고 있다는 건 정말 섬뜩한 일이에요. 여러분은 아무에게도 말하지 않은 비밀이라고 생각했지만, 알고 보면 누군가는 모두 꿰뚫어 볼 수 있다는 거니까요.

그래서 구글, 페이스북과 같은 IT 회사들을 '빅 브라더'라고 무서워하는 사람들도 있어요. 빅 브라더는 조지 오웰이 쓴 소설 《1984》에 나오는 절대 권력자예요. 빅 브라더는 양방향 스크린과 사상경찰, 스파이 등을 동원해 사람들을 꿰뚫어 보고 있어요. 사람들은 자신의 일거수일투족을 알고 있는 빅 브라더에 공포를 느끼고, 빅 브라더가 싫어하는 일은 하지 않죠.

어때요, 여러분의 정보를 가지고 있는 IT회사들이 마음만 먹으면 '빅 브라더'가 될 수도 있지 않을까요? 이렇게 생각하면 유튜브가 조금 무섭기도 하네요.

위기의 매스 미디어, 앞날은?

사실 20년 전까지만 해도 우리의 눈과 귀가 머무는 곳은 텔레비전, 라디오, 신문이었어요. 사람들은 뉴스와 드라마, 예능 프로그램을 보기 위해 방송사가 정해 준 시간에 맞춰 텔레비전 앞으로 모였어요. 1995년에 방영된 "모래시계"와 같은 드라마는 최고 시청률이 64.5%까지 올라서 '귀가 시계'라고 불릴 정도였어요. 밤 10시에 시작하는 드라마를 보려고 모두 집에 가 버려서 거리가 한산할 정도라 이런 별명이 붙었대요.

그런데 디지털 미디어 시대가 오면서 신문과 방송의 힘은 반으로 쪼개졌어요. 과거에는 매스 미디어에서 전해 주는 콘텐츠를 일방적으로 소비하던 사람들이 이제는 디지털 미디어라는 새로운 창구에서 콘텐츠를 골라 가면서 소비하기 시작했으니까요. 그러다 보니 일부에서는 지금 상황을 '매스 미디어의 위기'라고 말하기도 해요.

하지만 이 말이 매스 미디어를 이끌었던 신문사와 방송사들이 사라지고 1인 방송과 블로거들이 그 자리를 차지한다는 뜻은 아니에요. 전통 미디어 회사들은 새로운 변화 속에서도 여전히 영향력을 유지한 채 살아남을 거랍니다. 사실 디지털 미디어 플랫폼은 전통 미디어 회사들에게도 새로운 기회거든요.

디지털 미디어 플랫폼으로 들어간 전통 미디어 회사들은 과거에 만나지 못했던 시청자들까지 쉽게 만날 수 있는 길을 찾았어요. 예를 들어 볼까요? 엄청난 인기를 끌었던 드라마 한 편이 있다고 해 봐요. 예전에는 텔레비전에서 이 드라마의 방영이 끝나면 이걸 볼 수 있는 길이 마땅치 않았어요. 녹화한 테이프를 구하거나 명절 같은 때 재방송을 해 주길 기다려야 했지요. 이건 애써 시간과 노력을 들여 콘텐츠를 만들어 낸 방송사들도 한번 방영이 끝나면 다시 돈을 벌기 어렵다는 뜻이랍니다.

그런데 요즘은 한 회가 끝나면 바로 방송사들의 홈페이지부터 네이버 TV, 유튜브 등에 영상이 올라와요. 몇 년 전에 방영된 드라마도 쉽게 찾아볼 수 있어요. '본방 사수'를 하지 못한 시청자들도 얼마든지 적절한 값을 치르면 콘텐츠를 다시 볼 수 있다

는 거네요. 그러니까 비록 시청률은 떨어지더라도 콘텐츠를 보는 사람은 줄어들지 않았겠지요?

  정보나 사회에 대한 해설을 전달하는 뉴스도 마찬가지예요. 2016년 겨울부터 2017년 봄까지 이어지면서 박근혜 전 대통령의 탄핵으로 이어졌던 촛불 시위를 기억하나요? 이 시위가 오래

도록 유지된 데는 초반에 JTBC, 한겨레, 조선일보 등 언론사들의 보도가 큰 역할을 했답니다. 언론사들은 당시 지지하는 이념을 떠나 한마음으로 취재 경쟁을 펼쳤어요. 예를 들어 조선일보와 TV CHOSUN(티비 조선)은 대기업들로부터 뇌물을 받는 창구였던 재단의 존재를 특종 보도했고 JTBC는 최순실의 태블릿 PC를 입수해 국가를 비정상적으로 운영한 결정적 증거를 찾았어요. 이후 사람들은 다양한 경로를 통해 이와 관련한 뉴스를 거의 실시간으로 지켜봤어요. 유튜브의 각 방송사 채널, 카카오톡과 같은 모바일 메신저를 통해 뉴스를 공유하고, 네이버 등 포털 사이트의 뉴스 섹션에 올라온 기사를 지켜봤지요.

그러니까 매스 미디어 시대에 콘텐츠를 담는 그릇이었던 텔레비전과 신문을 보는 사람 수는 점차 줄겠지만, 그릇 속에 담겨 있던 콘텐츠들은 새로운 그릇에 담겨 더 많은 소비자들을 만날 거예요. 비록 소비자들의 선택을 받기 위한 경쟁은 과거보다 치열해지겠지만요.

2장

유튜브를 볼 때 조심할 점이 있답니다.

온갖 동영상이 올라오다 보니 조작된 정보를 퍼뜨리는 '가짜 뉴스'는 물론,

인종과 종교, 성차별을 부추기고 다른 사람들을 미워하게 만드는 동영상,

위험한 장난을 부추기는 자극적인 동영상들을 볼 수 있어요.

우리는 이런 나쁜 동영상을 만났을 때 어떻게 해야 할까요?

어떻게 하면 우리에게 도움이 되는 좋은 동영상을 쏙쏙 골라서 볼 수 있을까요?

지금부터 똑똑하게 유튜브를 시청하는 법을 함께 알아봐요.

똑똑하게 유튜브 시청하기

01 똑똑하게 유튜브 시청하기

'1인 방송국' 시대가 불러온 부작용

디지털 미디어 플랫폼과 스마트폰이 한 팀을 이루면서 누구나 원하면 '1인 방송국'을 할 수 있게 되었어요. 덕분에 우리의 미디어 생활은 인류 역사상 그 어느 때보다 더 풍성해졌어요. 그런데 이처럼 누구나 콘텐츠를 만들 수 있게 되면서 생긴 부작용은 없을까요?

2019년 1월 유튜브는 '위험한 도전과 장난'을 하는 영상을 올리는 걸 금지한다고 했어요. 고농축 캡슐 세제인 타이드 포드를 먹는 실험이 미국 청소년 사이에서 유행처럼 번졌거든요. 또 영화 《버드박스》의 주인공을 따라서 눈을 가리고 생활을 하는 '버드박스 챌린지'도 선풍적 인기를 끌었어요. 눈을 가리고 운전까지 하니 크고 작은 교통사고도 늘어났지요.

위험한 영상이 유행하는 현상은 미국에서만 일어나는 건 아니에요. 우리나라에서도 폐쇄된 건물을 탐방하는 '공포 체험' 같은 영상이 많이 올라왔어요. 공포 체험 도중에 실제로 시체를 발견한 유튜버가 나왔을 정도로 위험한데도 인기가 식지 않아요.

'가짜 뉴스'라고 불리는 잘못된 정보가 퍼지는 것도 문제예요. 2016년 미국에서는 페이스북에 '프란치스코 교황이 도널드 트럼프 지지를 선언했다.'는 뉴스가 무려 96만 건의 반응(공유·댓글·좋아요 등)을 얻어 대통령 선거전에서 큰 영향력을 발휘했어요. 그런데 진짜 뉴스인 줄 알았던 이 글은 광고로 돈을 벌려는 마케도니아의 청소년들이 만든 것으로 드러났어요.

홍역을 막는 예방 주사를 맞으면 자폐증에 걸린다는 소문이 유튜브와 페이스북으로 퍼져서 사람들이 홍역 예방 주사 맞기를 꺼려서 우리나라, 미국 등지에서 홍역이 유행하는 일도 있었어요.

유튜브에도 광고 수익을 얻거나 사람들의 잘못된 판단을 일부러 유도하려고 허위 정보를 넣어 만든 영상들이 많아요.

그런데 '1인 방송국' 시대에는 왜 자극적인 영상이나 허위 정보가 퍼져 나가는 현상이 더 심해진 걸까요?

그건 콘텐츠나 정보를 골라서 우리에게 배달해 주는 '문지기'가 달라졌기 때문이에요. 매스 미디어 시대의 주인공이었던 텔레비전과 신문은 전달할 수 있는 정보의 양이 정해져 있었어요. 방송사에서 아무리 많은 프로그램을 만들어도 시청자들에게 보여 줄 수 있는 분량은 하루 24시간이 전부였죠. 매일 아침 배달되는 신문의 분량도 50쪽 내외에 불과해요.

그러다 보니 미디어 회사들은 '게이트 키핑(Gate-keeping)'이라는 것을 해야 했어요. 게이트 키핑은 기자나 편집자가 세상에 떠도는 소식 중에서 전할 뉴스를 고르는 일을 뜻해요. 마치 문(Gate)을 지키는 것 같은 과정이라고 해서 이렇게 불러요.

게이트 키핑을 통해 사실과 다른 정보들 상당수가 걸러졌어요. 물론 사람이 하는 일도 완벽할 수 없기 때문에 나중에 잘못된 정보로 드러나는 경우가 있긴 하지만요.

그런데 유튜브 세상이 오면서

게이트 키핑은 변화를 맞았어요. 유튜브는 사람이 아니라 알고리즘이 콘텐츠를 골라 주니까요. 이런 알고리즘에는 심각한 문제가 하나 있답니다. 데이터를 바탕으로 추천하다 보니 기자나 편집자처럼 내용이 해롭거나 사실과 다르지 않은지 직접 검증하지 않아요. 그래서 따라 하면 목숨을 잃을 수도 있는 위험한 장난과 허위 정보가 훨씬 쉽게 유통되는 것이랍니다.

02 똑똑하게 유튜브 시청하기

진실을 가리는 허위 정보, 얼마나 무서울까?

유튜브를 통해 퍼지는 허위 정보와 가짜 뉴스는 얼마나 무서울까요? 우리는 알고리즘이 잘못 추천한 허위 정보를 구분해 낼 수 있을까요? 아마 생각보다 이걸 골라내는 게 쉽지는 않을 거예요.

여러분이 좋아하는 프로 축구 구단이 있다고 생각해 봐요. 그런데 알고 보니 이 프로 축구 구단의 승리가 심판을 매수한 결과라는 보도를 접했습니다. 그랬을 때 여러분은 배신감이 들면서도 '믿고 싶지 않다'고 생각할 거예요.

이처럼 진실을 다룬 뉴스가 꼭 사람들의 환영을 받는 건 아니에요. 알고 보면 사람들은 믿고 싶은 것만 보고 싶은 심리를 지녔답니다. 그래서 불편한 진실 대신 편한 거짓말을 믿기도 해요. 예를 들어 심판을 매수했다는 수사 결과가 다른 구단의 음모라는 커뮤니티의 댓글을 보면서 이 정보가 맞을 수도 있다는 생각을 하는 거예요.

더구나 많은 허위 정보는 겉모습을 교묘하게 진짜처럼 꾸미기까지 해요. 마치 언론사나 믿을 만한 정치인이 한 말을 기사나 영상으로 만들어 놓은 것처럼 말이에요. 그러니 허위 정보에 깜박 속아 넘어갈 수밖에 없는 거죠.

믿고 싶은 거짓말이다 보니, 허위 정보는 진짜 정보보다 더욱 빠른 속도로 퍼져요. 이게 진짜였으면 하고 바라는 사람들이 적극적으로 주변 사람들에게 정보를 퍼 나르기 때문이에요. 또 사람들은 주변 사람들이 전해 준 소식이기 때문에 더 진짜일 것이라고 확신을 갖게 되죠.

미국 매사추세츠공대(MIT)에서 2016년부터 2017년까지 소셜 미디어인 트위터에 올라온 게시물을 분석한 결과 허위 정보가 섞인 뉴스가 1,500명에 도달하는 데 걸린 시간은 불과 평균 10시간이었어요. 진짜 뉴스가 이만큼 퍼지는 데는 60시간이나 걸렸는데 말이죠. 이용자들이 공유한 횟수도 허위 정보 쪽이

70%나 많았답니다.

어때요, 앞으로 온라인에서 친구들에게 정보나 콘텐츠를 공유하기 전에는 한 번 더 생각을 해 봐야겠죠? 어쩌면 나도 모르는 사이에 내가 허위 정보를 퍼뜨리는 바람잡이가 될 수도 있는 거니까요.

눈에 보이는 것도 믿을 수 없다, 딥페이크

"트럼프 대통령은 완전히 머저리다(President Trump is a total and complete dipshit)."

2018년 4월 유튜브에서 엄청난 화제가 됐던 영상이 있습니다. 유색 인종으로서 최초로 미국 대통령이 됐던 버락 오바마가 자신의 후임인 도널드 트럼프 대통령에 대한 막말을 하는 영상이에요. '정말 오바마가 이런 말을 했단 말이야?'라고 생각하는 순간 이 영상은 조작됐다는 걸 알게 됩니다. 오바마 전 대통령의 목소리와 얼굴의 움직임을 학습한 인공 지능(AI)이 교묘하게 합성해 만들어 냈다는 걸 알려 주거든요.

이 가짜 영상을 만드는 데 쓰인 기술을 '딥페이크(Deepfake)'라고 해요. 인공 지능이 엄청나게 많은 데이터를 분석해 법칙을 찾아내는 학습 방식인 딥 러닝(Deep Learning)과 가짜라는 뜻의 '페이크(Fake)'를 더해 만들어진 이름입니다. 오바마 전 대통령의 영상, 사진, 목소리를 아주 많이 입력하면 인공 지능이 얼굴 근육의 움직임, 목소리와 말투의 특징을 파악하고 이걸 바탕으로 새로운 영상을 만들어 주는 거랍니다.

가짜 오바마 영상은 미국 미디어 회사인 버즈피드가 점점 진화하는 가짜 뉴스의 위험성을 경고하기 위해 제작했어요. 그래서 영상 속 오바마 전 대통령은 실제였다면 절대 안 했을 욕설을 하도록 만든 거예요.

그런데 우연히 본 유튜브 영상 속에서 오바마 전 대통령이 평소와 같은 말투로 '진짜' 할 수도 있을 법한 말을 했다면 어떨까요? 예를 들어 "미국인들은 남북통일을 찬성하지 않는다."라고 말했다고 생각해 봐요. 아마 영상을 유심히 살펴보지 않은 많은 사람들은 '미국인들은 남북통일을 별로 바라지 않는구나.'라고 믿어 버릴 거예요.

이러한 가짜 뉴스에 대한 우려는 이미 현실이 되고 있답니다. 2018년에 한국언론진흥재단에서 딥페이크가 무엇인지 알고 있냐는 설문 조사를 했는데, 알고 있는 응답자들은 전체의 14.3%에 불과했고, 딥페이크 영상을 본 사람은 20.9%나 된다고 해요. 일부는 합성인지도 모른 상태로 영상을 봤다고 할 수 있다는 뜻이에요. 온라인을 통해 돌아다니는 딥페이크 영상은 주로 유명 여자 연예인들의 얼굴을 합성한 선정적인 영상들이에요. 이런 피해는 유명 연예인만이 입을 수 있는 게 아니에요. 한 남성은 자신의 졸업 앨범 사진을 이용해서 여자 동창생들의 얼굴과 선정적인 사진을 합성해서 온라인에 퍼트렸어요. 온라인에 한 번 올라가 유포된 영상과 사진을 전부 지우는 건 불가능해요.

이제는 우리가 눈으로 보고 귀로 들은 것조차 믿을 수 없는 시대가 온다는 걸 명심해야 해요.

03 똑똑하게유튜브시청하기

혹시
메아리 방에
갇혀 있지 않나요?

유튜브에서 영상을 보다가 우연히 A라는 가수의 뮤직 비디오를 봤어요. 보자마자 '딱 내 스타일'이라고 느낀 나는 당장 유튜브에 있는 A의 공식 채널을 구독했지요. 하루 종일 영상을 찾아보면서 A의 자료를 올리는 곳은 모조리 구독하기 시작했어요.

그러자 나의 유튜브 추천 영상은 A로 가득했어요. 내 스마트폰 속에서 A는 모두의 사랑을 받는 세계 제일의 슈퍼스타 같았죠.

그런데 막상 학교에 가서 A에 관한 이야기를 했는데 아무도 알아듣지 못했어요. A라는 연예인이 있는지도 모르고 A의 영상을 보여 줘도 반응이 시큰둥했죠. 스마트폰 속 세상과 현실은 어떻게 이렇게 다를 수 있을까요?

유튜브는 우리가 검색한 기록에 근거해서 볼만한 콘텐츠를 골라 줘요. 그동안 본 영상, 과거 검색어, 접속한 지역 등 수많은 정보를 고려해 내가 좋아할 만한 콘텐츠를 추천해 주지요.

그런데 유튜브가 추천해 준 영상만 보는 건 마치 현미경으로만 세상을 보는 사람과 같아요. 특정 주제에 대해서는 아주 자세히 알게 되겠지만 현미경이 확대해 주는 시야를 벗어난 주제에 대해서는 전혀 정보를 접하지 않게 되는 거죠. 그래서 A라는 가수에 대해서는 지나칠 정도로 많은 정보가 나에게 오지만, 대신 요즘 어떤 가수의 팬이 가장 많은지에 대해서는 판단할 수 없게 된답니다.

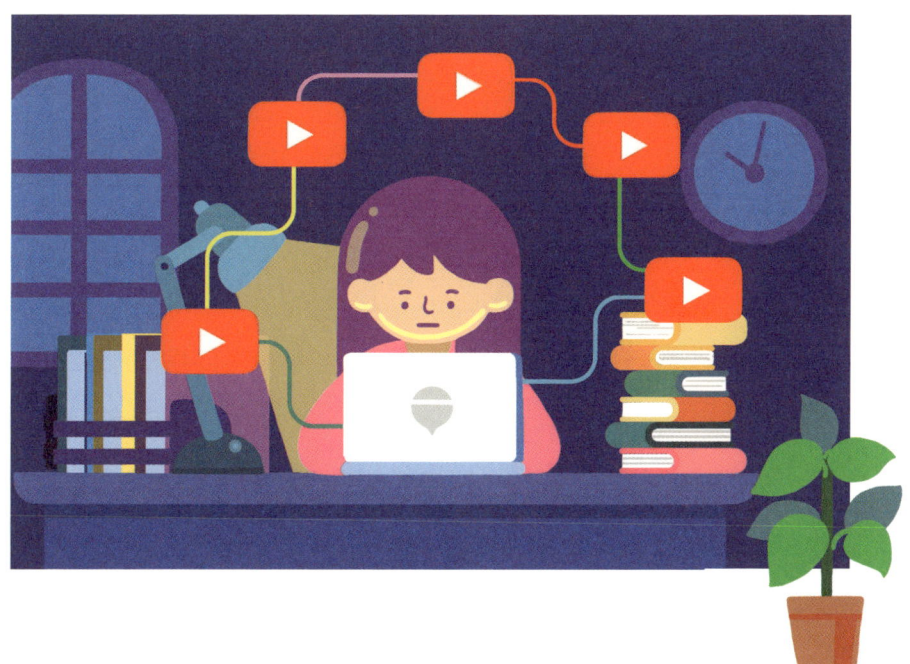

시의성 있는 주제에 대한 의견도 한쪽밖에 접하지 못하게 될 가능성이 커요. 예를 들어 내가 '남한과 북한이 꼭 통일을 이루지 않아도 된다.'라는 내용을 담은 영상을 오랫동안 시청하고 '좋아요'도 눌렀다고 해 봐요. 그렇다면 유튜브는 비슷한 의견을 담은 영상을 계속 추천해 줄 거예요. 그러면 나는 유튜브에서 남북통일을 하면 안 되는 엄청나게 많은 이유를 접하게 되겠죠? 반면 통일을 해야 하는 이유는 거의 보이지 않아서 반대 의견을 접할 기회가 줄어들지요.

이처럼 유튜브를 비롯한 디지털 미디어 플랫폼에서 좁은 주제, 비슷한 의견들만 계속 접하는 현상을 우리는 '메아리방 효과(Eco chamber effect)'라고 부른답니다. 목소리가 메아리로 돌아와 계속 같은 이야기만 듣게 되는 방에 갇힌 것처럼 비슷한 메시지만 반복적으로 듣게 된다는 거예요. 또 다른 표현으로는 '필터 버블(Filter bubble)' 현상이라고 해요. 사용자에 맞게 필터에 걸러진 정보가 마치 거품처럼 사용자를 가둬 버린다는 뜻이죠. 2011년 미국 시민 단체 무브온의 엘리 프레이저 이사장이 처음 사용한 말입니다.

 요즘 많은 사람들이 이용하는 사이트나 동영상 사이트에서는 이용자들의 선호도를 파악해서 그들이 원하는 정보와 영상을 계속 보여 줘요. 그래야 자기 사이트에 오래 머물면서 수익을 발생시키니까요. 그러다 보니 사람들은 자기가 듣고 싶은 이야기만 듣게 될 기회가 많고, 알고 싶은 정보만이 사실이라고 믿기 쉽지요. 이러한 현상이 개인적인 취향과 관련될 때는 큰 문제를 발생하지는 않아요. 하지만 예를 들어 정치적인 의견과 성향에 영향을 끼칠 때는 문제가 발생할 수밖에 없어요. 서로 자기의 정치적인 주장만 옳다고 할 테니까요. 그럼 사람들은 쉽게 통합할 수 없고 나뉘어질 거예요.

 그래서 우리는 메아리방과 필터 버블에서 빠지지 않으려고 의식적으로 노력해야 해요. 나와 반대되는 입장의 생각에 귀 기울이고, 찾아보고, 전문가의 의견과 지식이 담긴 책을 균형 있게 읽으면서 생각이 한쪽에 치우치지 않도록 하면 좋겠지요?

04 똑똑하게 유튜브 시청하기

유튜버들의 삶은 늘 멋지고 화려할까?

"오늘 출시된 따끈따끈한 신상품입니다."
"정말 재미있는 게임이 새로 나왔어요."

유튜브를 보면 크리에이터들은 늘 화려한 삶을 사는 것 같아요. 새로 나온 전자 기기부터 예쁜 옷과 화장품까지 크리에이터에겐 없는 게 없어요. 가격이 비싸서 엄두를 내지 못하는 신상품을 주기적으로 소개하기도 하고요. 이런 영상을 보고 있으면 마냥 부러워져요. 유튜브 밖의 우리 삶이 초라하게 보이기도 하고요. 그런데 크리에이터들의 생활이 진짜 이렇게 화려하기만 할까요?

영상에 보이는 크리에이터들의 멋진 삶은 알고 보면 연출

된 것이에요. 남들에게 보여 주고 싶은 순간만을 잘라서 올려놓은 거니까요. 신상품을 사기 위해 돈을 아끼고, 영상의 구독자 수가 생각만큼 늘지 않고 영상 조회 수가 높지 않아 괴로워하는 모습은 영상에 잘 드러나지 않아요.

또, 영상에 나오는 제품을 크리에이터들이 직접 사지 않은 경우도 많아요. 기업들이 제품을 공짜로 협찬해 주는 경우가 많거든요. 제품을 파는 사람들은 구독자들이 크리에이터들의 삶을 부러워하고, 크리에이터들이 사용한 제품을 따라 쓰고 싶어 한다는 걸 알기 때문이죠. 그래서 광고비를 주면서까지 제품을 사용하는 것처럼 연출해 달라는 경우도 있어요. 이렇게 영상에 제품을 노출하는 걸 간접 광고(PPL)라고 합니다.

그런데 영상에 제품을 등장시키는 대가로 광고비를 받았다면 공정하게 영상을 만들 수 있을까요? 제품에 나쁜 점이 있더라도 쉽게 밝히지 못하거나, 다른 회사의 제품을 깎아내리는 편향된 영상을 만들 가능성이 있어요.

그래서 유튜브는 대가를 받고 만드는 영상에는 '유료 광고 포함'이라는 안내를 붙일 수 있는 기능을 만들어 놨어요. 영상이 편향되었을 수 있다는 걸 알려서 시청자들이 이 사실을 고려해 영상에 관한 판단을 내릴 수 있도록 한 것이에요. 하지만 안내를 붙일지 말지는 크리에이터의 양심에 맡겨 놓았기

　때문에 간접 광고를 완벽히 구분하기 어려워요.

　디지털 미디어 플랫폼에서 영향력은 곧 돈과 연결된답니다. 여러분의 눈과 귀가 머무르는 모든 순간은 곧 광고와 연결돼요. 유튜브도 마찬가지예요. 그러니까 유튜브 속 크리에이터를 자신과 비교해 스스로를 깎아내리거나, 크리에이터의 삶을 맹목적으로 쫓으려고 해서는 안 되겠죠?

똑똑하게 유튜브 시청하기

디지털 리터러시가 제일 중요해

진짜인지 가짜인지 알기 어려운 정보들과 편향된 목소리들. 돈을 많이 벌기 위해 꾸며 낸 일상 등은 유튜브 세상의 어두운 면이랍니다. 그럼 우리는 유튜브 세상에서 거짓말에 속지 않고 균형 잡힌 생각을 하려면 무엇을 준비해야 할까요?

"상사에 관하여 본법에 규정이 없으면 상관습법에 의하고 상관습법이 없으면 민법의 규정에 의한다."

세상에, 이게 무슨 말일까요? 이 문장은 경제와 기업 활동에 관한 법률을 모아 놓은 상법의 맨 첫 항목이랍니다. 분명 글자는 읽을 수 있는데 이게 무슨 뜻인지 도통 모르겠지요? 이처럼 글을 이해하기 위해서는 단순히 글자를 읽을 수 있다는 것보다 많은 것이 필요합니다. 글에 담긴 의미를 파악할 수 있도록 지식을 갖춰야 해요. 이렇게 문자를 제대로 쓰고 읽고 전하는 뜻을 이해할 수 있는 능력을 우리는 '리터러시(Literacy)'라고 불러요.

그런데 유튜브 세상에서도 마찬가지랍니다. 단순히 영상을 보고 영상에서 전하는 말을 들을 수 있는 것만으로는 모자랍니다. 영상에 담긴 진짜 의도를 읽어 내는 능력이 필요하죠. 잘못된 정보를 흘려 우리 생각을 조종하려는 게 아닌지, 혹시 숨겨진 광고가 아닌지 말이에요. 이러한 능력을 '디지털 리터러시'라고 부릅니다. 디지털 리터러시는 디지털 세상에서 정보를 올바르게 받아들이고 전달하는 능력을 의미해요.

그렇다면 이러한 능력을 기르려면 어떻게 해야 할까요? 역설적이게도 유튜브와 같은 디지털 미디어 플랫폼을 제대로 이해하려면 '오프라인'에서 적극 활동해야 해요. 오프라인은 온라인의 반대 개념으로 컴퓨터와 스마트폰과 같은 전자기기로 연결하는 가상 공간이 아닌 실제 세상을 말할 때 쓰는 말이에요.

그러니까 주변 사람들을 소셜 미디어로만 만나고 카카오톡과 같은 메신저로 대화하는 게 아니라 실제 현실에서 직접 만나 이야기를 나눌 기회를 만들어야 해요. 내가 좋아할 만한 이야기만 듣는 게 아니라, 서로 다른 의견을 들을 기회를 만드는 것이지요.

또한 신문, 텔레비전, 책으로 새로운 소식을 보는 게 필요해요. 내 관심 분야만 골라서 보여 주는 유튜브와 달리 신문

과 텔레비전, 책은 세상에서 일어나는 중요한 소식들을 골고루 전해 줘요. 정치, 경제, 사회와 같은 무거운 소식부터 스포츠, 대중문화와 같은 가벼운 소식까지 주제도 다양하답니다. 그래서 정보를 '편식'하지 않고 접할 수 있게 도와줘요.

책도 꾸준히 읽어야 해요. 책은 능력이 검증된 글쓴이가 한 분야에 대해 오랜 시간에 걸쳐 공들여 쓴 글이거든요. 그래서

책에서 얻은 정보는 새롭게 접한 정보가 제대로 된 것인지 아닌지 판단할 수 있는 바탕이 되어 준답니다.

　마치 '교과서로 공부하니까 1등을 했어요.'와 같은 정해진 답을 들은 것 같나요? 하지만 '정보의 홍수' 속에서 균형을 잡기 위해 기초 지식은 그만큼 중요한 거예요. 오프라인에서의 적극적인 활동으로 기초 지식을 쌓고 디지털 세상에서 빠르게 지나가는 정보를 골라 본다면 여러분은 정확성과 균형, 속도를 모두 잡을 수 있을 거예요.

06 똑똑하게 유튜브 시청하기

나를
믿을 수 있다면
'구독'을 눌러 줘

"즐겁게 시청하셨다면 구독 버튼을 눌러 주세요!"

유튜브로 콘텐츠를 보다 보면 아마도 가장 많이 듣는 말이 아닐까요? 대다수 크리에이터들은 영상에서 우리에게 '구독' 버튼을 눌러 달라고 부탁해요. 크리에이터에게는 자기 영상을 꾸준히 보는 사람이 있어야 하니까요. 그런데 구독은 영상을 보는 사람들에게도 정말 중요해요. 디지털 리터러시를 기르는 것만큼이요. 구독을 잘 활용하면 허위 정보를 피하고 나에게 유용한 콘텐츠를 골라 볼 수 있으니까요.

매스 미디어 시대에는 집집마다 신문을 구독하는 게 일상적인 일이었어요. 거의 대부분의 집에서 신문을 구독했고, 두세 신문사의 신문을 보는 집도 많았어요. 구독자가 많다는 건 단순히 '신문이 잘 팔린다.'는 것보다 더 큰 의미가 있어요. 구독하는 신문이 계속 챙겨 볼 만큼 '제대로 된 정보'를 주고 있다는 믿음을 준 것이거든요. 구독자 수가 많은 언론사가 사회적인 영향력이 큰 것도 이런 이유랍니다.

 이런 구독 문화는 인터넷이 보급되고 사람들이 다음, 구글, 네이버와 같은 포털 사이트를 통해 정보를 찾기 시작하면서 사라지기 시작했어요. 신문 한두 개를 구독하는 것보다 포털 사이트에 있는 수백 개의 매체 중에서 내가 원하는 정보를 직

접 검색해 찾아보는 게 낫다고 생각하는 사람들이 많았거든요. 더구나 포털 사이트에서는 모든 신문 뉴스가 공짜이기도 하고요.

그런데 유튜브에서는 수백 개가 아니라 수를 헤아릴 수 없을 만큼 많은 채널이 존재합니다. 유튜브 가입자가 2020년 기준 20억 명인데 원한다면 가입자 모두가 채널을 만들 수 있어요. 이렇게 많은 채널에서 영상을 쏟아 낸다면 이 중에 누가 믿을 만한 영상을 만드는지 찾아내는 건 '하늘의 별따기'겠죠? 정보인지 광고인지 모를 콘텐츠와 제목만 그럴듯하게 해서 사람들을 낚는 콘텐츠를 만드는 채널이 너무 많으니까요.

그러다 보니 유튜브에서는 '구독'이 중요해지기 시작했어요. 구독 기능을 이용해서 믿고 볼만한 크리에이터들을 분류해 두면, 다음에 유튜브에 들어왔을 때 다른 곳에서 헤매지 않고 구독해 둔 채널에 들어가면 되니까요. 구독을 눌러 채널의 '단골손님'이 되는 거예요.

어때요? 앞으로는 유튜브를 그냥 보지 말고 좋은 콘텐츠를 만드는 크리에이터에게 '구독'을 누르는 습관을 가져 봐요.

1인 방송, 규제해야 할까?

"모든 국민은 언론·출판의 자유와 집회·결사의 자유를 가진다."

우리나라 헌법 제21조 1항입니다. 이처럼 우리나라 국민 모두는 자유롭게 말할 권리, 즉 '표현의 자유'를 갖고 있습니다. 하지만 표현의 자유가 있다고 해서 모든 말이 다 허용된다는 것은 아닙니다. 헌법 제21조의 4항을 볼까요?

"언론·출판은 타인의 명예나 권리 또는 공중도덕이나 사회 윤리를 침해하여서는 안 된다. 언론·출판이 타인의 명예나 권리를 침해한 때에는 피해자는 이에 대한 피해의 배상을 청구할 수 있다."

그러니까 다른 사람에게 피해를 주거나 사회적인 문제를 일으킬 때에는 표현의 자유도 제약을 받는다는 거예요. 이런 이유로 신문, 텔레비전 방송 등 매스 미디어들은 여러 가지 규제를 받았답니다. 가장 대표적인 규제가 바로 방송 심의예요. 우리나라에는 '방송통신심의위원회'라는 기구가 있답니다. 이곳에서는 방송 내용이 공정성과 균형성을 유지하고 있는지, 다른 사람의 사생활을 침해하고 있지 않은지, 성차별이나 인종 차별처럼 사회적 갈등을 유발할 수 있는 내용은 없는지, 지나치게 폭력적이지 않은지 꼼꼼하게 따져 봐요.

만약 문제가 있을 경우 방송통신심의위원회는 방송사에 여러 가지 제재를 한답니다. 시청자에게 사과 방송을 하도록 하는 것부터 문제가 계속 이어지면 방송 사업을 더 이상 할 수 없도록 하기도 해요. 그렇기 때문에 텔레비전 방송국들은 시청률을 조금이라도 더 높이기 위해 치열하게 경쟁하면서도 지나치게 자극적이거나 사회에 해악을 끼치는 허위 정보를 내보내지 않기 위해 조심해 왔죠.

그런데 1인 방송은 달라요. 법으로는 이걸 규제할 방법이 마땅치 않아요. 그러다 보니 자살하는 과정을 생중계하거나 엄마나 선생님을 몰래 촬영해 올리는 등의 콘텐츠들까지 올라오고 있어요. 이런 이유로 요즘 우리 사회에서는 1인 방송도 텔레비전 방송처럼 방송법의 규제를 받도록 해야 한다는 목소리가 들끓고 있답니다.

하지만 1인 방송을 규제하는 걸 반대하는 사람들도 많아요. 1인 방송을 텔레비전 방송처럼 엄격히 심의했다가는 사람들이

다양한 목소리를 내는 소통 역할을 하는 창구가 사라질 수 있다는 거죠.

 영향력이 커진 만큼 1인 방송을 텔레비전 방송처럼 규제해야 할까요? 아니면 시청자들이 플랫폼에 '신고'를 한다거나 나쁜 1인 방송은 시청하지 않는 운동을 벌여 나쁜 크리에이터들이 자연스럽게 사라지도록 해야 할까요? 디지털 미디어 시대를 살아가는 여러분이 꼭 한번 생각해 볼 문제입니다.

3장 현명한 유튜버 되기

'유튜버'는 유튜브를 위한 콘텐츠를 만드는 사람들입니다.
콘텐츠를 제작하고 시청자들과 건전하게 소통하려면
아래 네 가지 방법은 꼭 알고 있어야 합니다.

- '사이버 폭력'에서 나를 지키는 법
- 다른 사람에게 '사이버 폭력'을 가하지 않는 법
- 나의 소중한 권리인 저작권을 지키는 법
- 남의 저작권을 침해하지 않는 콘텐츠를 만드는 법

그럼 이제부터 유튜버 제작자가 되기 위해
무엇을 알아야 할지 한번 살펴봐요.

01 '사이버 폭력'은 왜 생길까?

현명한 콘텐츠 생산자 되기

　유튜버가 되기로 마음을 먹고 동영상을 올렸다가 마음을 다치거나 실망한 경험이 있나요? 인기가 좋으리라 기대를 하고 올린 동영상에 '재미있어요.', '좋아요.'와 같은 댓글보다 욕이나 조롱, 외모를 깎아내리는 말과 같은 악성 댓글이 더 많이 달렸을 수도 있거든요. 또 내가 올린 영상을 퍼 가서 허락받지 않고 퍼뜨리는 사람도 있어요.

　온라인 공간에서 말과 행동으로 다른 사람들을 공격하는 것을 '사이버 폭력'이라고 합니다. 사이버 폭력은 주먹이나 몽둥이를 사용해서 남을 다치게 하는 것은 아니지만, 정신적으로 사람을 고통스럽게 만드는 거예요.

　사이버 폭력이 일어나는 이유는 다양하지만 가장 먼저 '익명성'을 꼽을 수 있어요. 익명성은 현실에서 사용하는 진짜 이름, 나의 진짜 모습을 드러내지 않아도 되는 특성입니다. 유튜브를 생각해 봐요. 사람들은 프로필에 내 진짜 얼굴이 아닌 원하는 아무 사진이나 사용할 수 있고, 이름 대신 정체를 알 수 없는 아이디만 드러내고 활동하죠.

이런 익명성은 사람들이 생각을 자유롭게 표현할 수 있도록 도와준다는 좋은 점이 있어요. 그렇지만 이걸 얼굴과 이름을 보이고서는 하지 못할 공격적인 말과 행동을 할 수 있는

도구로 악용하는 사람들도 많답니다.

이렇게 익명성 뒤에 숨어서 하는 공격은 인기 크리에이터라고 해서 비켜 가지 않아요. 오히려 많은 사람의 관심을 받을수록 이런 폭력적인 댓글은 더욱 심해지죠.

익명성 말고도 또 다른 이유도 있어요. 온라인 공간에 올라간 영상이나 글은 내가 원하지 않아도 계속 퍼질 수 있는 특징을 갖고 있어요. 이걸 '전파성'이라고 해요.

디지털 공간에서는 마음만 먹으면 뭐든지 저장하고 복제할 수 있어요. 정식으로 다운로드할 수 있는 길을 막아 놓아도 컴퓨터와 전자기기에 대한 지식이 조금만 있다면 얼마든지 다른 방식으로 저장할 수 있어요. 이걸 유튜브, 페이스북과 같은 곳에 다시 올리기만 하면 순식간에 퍼져 나가죠.

그래서 한 번 퍼진 영상이 영원히 사라지는 건 불가능해요. 누군가의 컴퓨터나 스마트폰에 나의 영상이 저장돼 있을 수 있거든요. 오죽하면 '디지털 장의사'라는 직업까지 생길 정도라니까요. 도저히 보통 사람의 힘으로는 온라인 공간에 퍼지길 원치 않는 사진과 영상을 지울 수 없어서 이걸 전문으로 하는 사람까지 생긴 거예요.

02 현명한 콘텐츠 생산자 되기

사이버 폭력에서
나를
지키는 법

 사이버 폭력이 '익명'을 보장하는 온라인의 특성에서 비롯됐다면 우리는 온라인에서 사이버 폭력을 피할 수는 없을까요? 크리에이터가 되면 꼼짝없이 사이버 폭력을 당할 수밖에 없나요?

 안타깝지만 온라인에서 활동하기로 한 이상 사이버 폭력을 완전히 피할 수는 없어요. 그렇지만 여러분이 조금만 조심하면 피해를 줄일 수는 있답니다.

 우선 콘텐츠를 올리기 전에 반드시 두 번 세 번 확인할 게 있어요. 바로 콘텐츠에 내가 사는 곳, 연락처와 같은 개인 정보가 노출되지 않게 해야 해요. 현실 세계에서 범죄의 표적이 될 수 있거든요. 미국에서는 실제로 블로그나 페이스북과 같은 소셜 미디어에 휴가지에서 올린 영상이나 사진이 올라갔을 때 평소에 알아 두었던 개인 정보를 바탕으로 집을 터는 도둑이 있었답니다. 또 온라인 공간에 올린 정보와 사진들을 도둑질해서 마치 자신인 양 다른 사람을 사칭하는 일도 있었어요.

또 사회적으로 비판 받을 수 있는 말을 하지 않았는지도 확인해야 해요. 온라인에 한 번 올린 영상이나 사진 그리고 글은 완벽하게 사라지지 않아요. 그래서 항상 많은 사람이 내가 한 말을 지켜보고 있다는 것을 명심하고 조심해야겠죠?

내가 남에게 사이버 폭력을 저지르지 않았는지도 확인해야 해요. 다른 사람 얼굴이 나올 경우 반드시 그 사람의 허락을 받거나 모자이크를 해서 누구인지 알 수 없게 해야 해요. 모든 사람은 자신의 얼굴이 허락 없이 촬영돼 공개되지 않을 권리를 갖고 있거든요. 이걸 '초상권'이라고 불러요.

또한 다른 사람의 개인 정보를 함부로 말해서 사생활을 침해하지 않았는지도 중요해요. 누군가를 이유 없이 비난해서 불쾌하게 만들거나 거짓 정보를 전하지 않았는지도 확인하

고요. 명예 훼손죄, 모욕죄 등으로 처벌을 받을 수도 있거든요.

이런 이유로 여러분이 '초보 유튜버'라면 함부로 생방송을 해서는 안 돼요. 생방송을 하면 위험한 정보들을 거르지 못한 상태에서 수많은 시청자를 만나게 되거든요. 생방송은 여러분이 방송에 대한 경험이 많이 쌓이고 시청자들이 댓글과 '좋아요'로 주는 반응들에 익숙해진 뒤에 시작해도 늦지 않습니다.

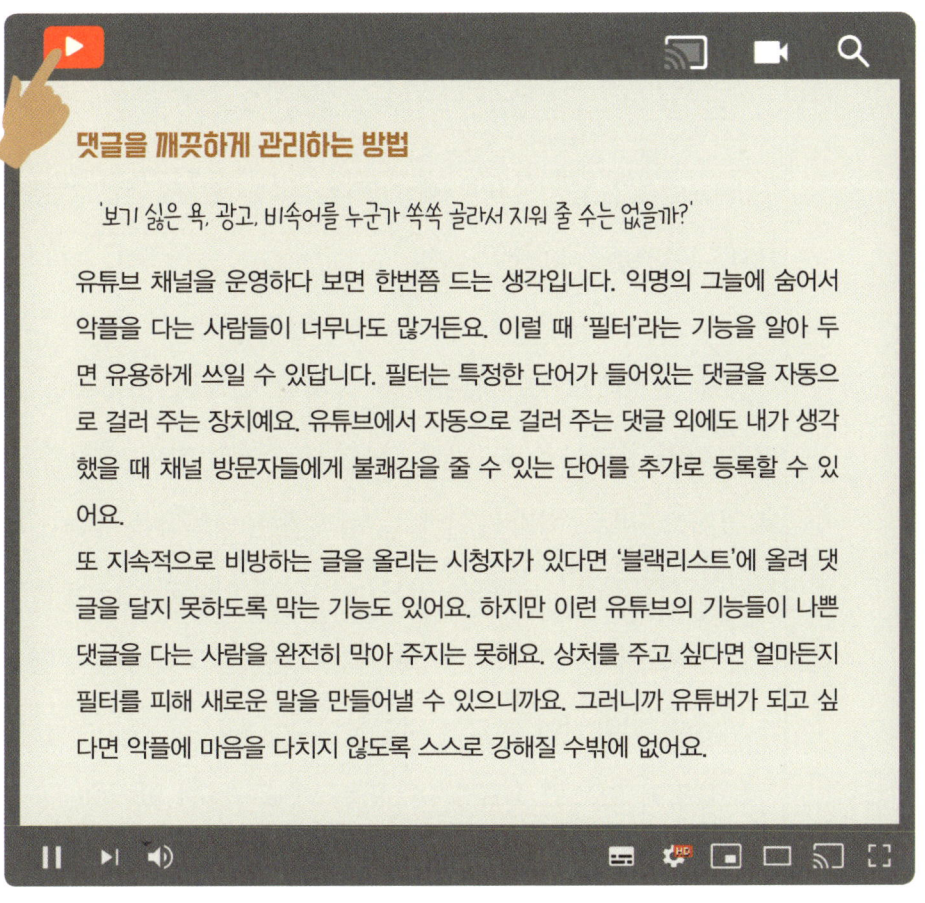

댓글을 깨끗하게 관리하는 방법

'보기 싫은 욕, 광고, 비속어를 누군가 쏙쏙 골라서 지워 줄 수는 없을까?'

유튜브 채널을 운영하다 보면 한번쯤 드는 생각입니다. 익명의 그늘에 숨어서 악플을 다는 사람들이 너무나도 많거든요. 이럴 때 '필터'라는 기능을 알아 두면 유용하게 쓰일 수 있답니다. 필터는 특정한 단어가 들어있는 댓글을 자동으로 걸러 주는 장치예요. 유튜브에서 자동으로 걸러 주는 댓글 외에도 내가 생각했을 때 채널 방문자들에게 불쾌감을 줄 수 있는 단어를 추가로 등록할 수 있어요.

또 지속적으로 비방하는 글을 올리는 시청자가 있다면 '블랙리스트'에 올려 댓글을 달지 못하도록 막는 기능도 있어요. 하지만 이런 유튜브의 기능들이 나쁜 댓글을 다는 사람을 완전히 막아 주지는 못해요. 상처를 주고 싶다면 얼마든지 필터를 피해 새로운 말을 만들어낼 수 있으니까요. 그러니까 유튜버가 되고 싶다면 악플에 마음을 다치지 않도록 스스로 강해질 수밖에 없어요.

03 현명한 콘텐츠 생산자 되기

소중한 저작권을 보호해요

"내 꿈은 멋진 웹툰 작가가 되는 거예요. 그래서 틈틈이 그린 그림들을 인스타그램에 올리고 있어요."

정말 멋진데요? 이 친구처럼 디지털 미디어 플랫폼을 통해 자신의 창작물을 공유하는 사람들은 여러 가지 권리를 갖고 있어요. 바로 '저작권'이에요. 저작권은 영화감독, 작가, 화가처럼 전문적으로 작품을 만드는 사람뿐 아니라 여러분들도 가질 수 있어요. 스마트폰으로 예쁜 그림을 그렸거나 동영상을 만들면 저작권이 생기는 것이랍니다.

저작권이 있으면 요구할 수 있는 게 두 가지 있어요. 우선 누군가 내가 만든 작품을 사용하려고 하면 사용료를 내라고

할 수 있어요. 이건 '저작 재산권'이라고 부릅니다. 또 누가 만들었는지 이름을 밝혀야 하고 저작권을 가진 사람의 허락 없이 함부로 작품 내용을 바꿔도 안 돼요. 이건 '저작 인격권'이라고 불러요.

그런데 누군가 여러분이 유튜브에 올려놓은 동영상을 몰래 저장해서 자기가 만든 것처럼 다른 곳에 올린다면 어떻게 되는 걸까요? 이렇게 남이 만든 창작물을 몰래 가져가는 건 명백한 불법입니다. 여러분의 저작권을 침해한 거예요.

그렇기 때문에 여러분은 불법을 저지른 사람에게 내가 만든 영상이라고 이야기하고 영상을 삭제해 달라고 주장할 수 있어요. 또 조회 수가 떨어지고 손해를 입었다면 이걸 배상해 달라고 요구할 수도 있어요. 경찰에 신고해서 저작권을 침해한 사람을 감옥에 가거나 벌금을 내도록 할 수도 있답니다.

유튜브 내에서는 저작권 침해를 받았을 경우 '신고하기'라는 기능을 이용하면 돼요. 그러면 내 저작권을 침해한 영상은 다른 사람이 볼 수 없게 차단이 되어 버린답니다.

저작권은 크리에이터가 가지는 당당한 권리랍니다. 그러니까 어떤 게 있는지 명확히 알고 침해를 받았을 때는 적극적으로 대응해야겠지요? 여러분의 권리는 여러분이 지켜야 하며, 동시에 다른 사람 저작권도 존중해 줘야 함을 명심하세요.

04 현명한 콘텐츠 생산자 되기

북튜버,
커버 댄스 동영상이
불법이 될 수 있다고요?

"요즘 저는 즐겨 읽는 소설책을 읽어 주는 동영상을 만드는 데 푹 빠졌어요. 전체 줄거리를 요약하고 인상 깊었던 구절은 낭독해 주기도 해요."

"저는 좋아하는 가수들의 뮤직비디오를 따라하는 영상을 만들어서 팬들 사이에서 제법 유명해졌어요. 뮤직비디오를 화면 한 귀퉁이에 띄워 놓고 이를 친구들과 그대로 재현하는 거예요."

모두 평소 취미와 관심을 살려 재미있는 동영상을 만들고 있군요. 그런데 이런 영상을 혼자만 보는 게 아니라 유튜브나 페이스북과 같은 디지털 미디어 플랫폼에 올리는 건 엄밀히 말해 '불법'이 될 수 있답니다. 법을 어길 생각은 정말 손톱만

큼도 없었는데 이게 무슨 소리냐고요?

두 친구가 만든 동영상은 법적으로 '2차적 저작물'이라고 해요. 작가의 소설, 가수의 노래와 뮤직비디오처럼 동영상의 바탕이 되는 '원저작물'이 있고 이를 바탕으로 해서 만든 콘텐츠이기 때문이죠. 2차적 저작물을 만들 땐 원칙적으로 원저작자의 허락을 받아야 합니다.

유튜브에 들어가면 이런 콘텐츠가 넘쳐 나는데 무슨 소리냐고요? 음, 사실 여러분 말도 맞아요. 사람들은 '팬심'을 담은 2차적 저작물이 많이 나올수록 원저작물이 인기가 있다고 생각하거든요. 그래서 원저작물을 만든 사람도 이런 파생 콘텐츠를 문화 현상의 일부분으로 받아들이고 크게 문제 삼지 않는 편이에요.

그렇지만 이건 '문제 삼지 않는다.'는 것일 뿐이지 '문제가 없다.'는 아니라는 걸 명심해야 해요. 순수한 재미나 팬심을 넘어서 이런 콘텐츠로 돈을 많이 벌기 시작한다거나, 연예인을 웃음거리로 만드는 것처럼 원저작자가 받아들일 수 없는 콘텐츠를 만들었다간 큰일이 날 수도 있거든요. 원저작자의 문제 제기로 유튜브에서 하루아침에 채널이 사라질 수도 있어요. 또 돈을 물어 주거나 벌금을 내는 것처럼 법으로 처벌받을 수도 있답니다.

이처럼 누구나 손쉽게 파일을 만들고 복사하고 온라인에서 공유할 수 있는 디지털 미디어 시대에는 무심결에 저작권법을 위반하는 일이 정말 비일비재하답니다.

05 저작권을 지키는 착한 콘텐츠 만들기

현명한 콘텐츠 생산자 되기

좋아하는 연예인이 나온 텔레비전 프로그램도, 평소에 좋아하던 책도 함부로 쓰면 모두 불법이라니. 도대체 그럼 무엇을 바탕으로 나만의 콘텐츠를 만들지 막막하다고요?

걱정 말아요. 끝을 가늠할 수 없는 온라인에서는 자신의 콘텐츠를 가져다 더 좋은 창작물을 만드는 데 써도 된다는 마음씨 좋은 창작자들도 쉽게 만날 수 있답니다. 이런 재료들만 잘 활용해도 여러분만의 좋은 콘텐츠를 만들어 낼 수 있어요.

혹시 '크리에이티브 커먼스 라이센스(CCL, Creative Commons License)'라는 말을 들어 본 적이 있나요? 영어를 줄여서 CCL로 많이 써요. 이건 글, 이미지, 동영상, 음악 창작물에 대한 저작권을 가진 사람이 '조건을 지켜 주기만 하면 제가 만든 창작물을 가져다 써도 돼요.'라고 허락한다는 뜻이랍니다. 전 세계 70여 개 국의 창작자들이 이런 움직임에 동참하고 있어요.

그런데 CCL이 붙어 있다고 창작물을 아무렇게나 가져다 쓰는 건 절대 안 돼요. 우선 저작자가 어떤 조건을 원하는지 확인하고 내가 사용하려는 목적이 여기에서 벗어나지 않는지 확인을 해야 해요. CCL의 조건은 크게 네 가지로 나뉜답니다.

- ▶ 저작권 표시(BY): 저작자의 이름, 제목, 출처 등을 표시해 주세요.
- ▶ 비영리(NC): 돈을 벌지 않는 비영리 목적으로만 사용해 주세요.
- ▶ 변경 금지(ND): 저작물의 내용을 바꾸지 말아 주세요.
- ▶ 동일 조건 변경 허락(SA): 내용을 바꿔 2차적 저작물을 만든 뒤 원저작물과 같은 CCL 조건을 지켜 주세요.

예를 들어 "원저작자가 누구인지 밝히고 돈을 벌지 않는 콘텐츠를 만드는 데만 이걸 활용해 주세요."라는 말을 하고 싶은 저작자가 있어요. 그러면 CC 아이콘 옆에 BY-NC를 붙인답니다.

그럼 배경 음악이나 이미지처럼 우리가 콘텐츠의 재료로 사용해도 되는 것들을 어떻게 찾을 수 있냐고요? 가장 손쉬운 방법은 '한국저작권위원회'가 운영하는 공유 마당(https://gongu.copyright.or.kr)에서 검색하는 것입니다. 이곳에서는 공공 기관이 만들거나 개인 또는 기업이 저작권을 기증한 저작물을 검색할 수 있어요. 또 구글, 네이버와 같은 검색 사이트에서도 상세 검색에 들어가면 'CCL' 콘텐츠를 찾아 주는 옵션이 있어요.

유튜브에서도 창작자들을 위해 오디오 라이브러리에 저작권 문제없이 사용할 수 있는 음악과 효과음을 제공한답니다.

영화, 책, 음악 등을 바탕으로 2차적 저작물을 만들고 싶다면 원저작자에게 사용 허락을 받으면 돼요. 앞서 말했듯 대다수 원저작자는 여러분들이 나쁜 마음을 갖지 않는 한 자신들의 콘텐츠가 새로운 창작의 밑거름이 되는 걸 마다하지 않을 거예요. 열심히 만든 콘텐츠가 분쟁의 대상이 되지 않을까 나중에 걱정하는 것보다는 조금 귀찮더라도 정당한 절차를 거쳐 콘텐츠를 만드는 게 훨씬 좋겠지요?

디지털 세상에서 저작권이 더 중요한 이유

'미래는 콘텐츠의 시대'라고 해요. 디지털 기기는 계속 발전하고 그에 따라 새로운 콘텐츠가 끊임없이 만들어지니까요. 그런데 디지털 기기로 콘텐츠를 만들 때 주의할 점이 있어요. 그건 누구나 쉽게 콘텐츠를 복제하고 전송할 수 있어서 저작권을 침해하는 일이 의도치 않게 이뤄지는 거예요.

과거에는 만화나 이야기가 종이책에 담겨서 이를 복사하는 데 시간과 노력이 들었어요. 또, 복사기로 찍어도 진짜 책보다 깨끗하게 복사되지 않아서 차라리 책을 한 권 사는 게 더 낫다고 생각했지요. 하지만 스마트폰과 같은 디지털 기기에서는 만화나 이야기 심지어 영상물과 같은 것도 쉽게 복사하고 이동할 수 있어요. 게다가 복제한 콘텐츠는 메신저나 소셜 미디어(SNS)로 쉽게 주고받을 수 있죠. 이렇게 보내 준 불법 콘텐츠는 원본과 비교했을 때 크게 차이가 없어요. 어디에서 퍼 왔는지를 지워 버리면 누가 만들었는지 알기가 어렵죠.

다시 말하면 디지털 세상에서 콘텐츠의 중요성은 커졌는데,

너무 쉽게 복제가 되어서 콘텐츠를 만든 사람들의 권리인 저작권을 지키기가 어려워진 거예요. 그래서 요즘은 디지털 저작권 관리(DRM, Digital Rights Management)를 위한 기술이 주목을 받고 있어요.

혹시 컴퓨터로 전자책을 다운로드 받았는데, 스마트폰으로 보려고 하면 등록되지 않은 기기여서 볼 수 없다는 메시지를 받은 적이 있나요? 국내에서는 잘 이용하던 음원 사이트와 동영상 재생 사이트가 해외에서는 볼 수 없던 경험은요? 위 경험 모두 콘텐츠에 DRM 기술이 들어가서 그런 거예요.

플랫폼에서 제공하는 콘텐츠마다 어떤 기기에서 볼 수 있고, 어느 지역에서 볼 수 있는지 설정이 되어 있어요. 그래서 콘텐츠를 불법으로 복제하는 걸 막고, 우리가 선택하고 비용을 지불한 서비스만큼 이용할 수 있도록 하지요.

또 유튜브, 페이스북 등 디지털 미디어에 맞게 낡은 저작권법을 고치자는 움직임도 있어요. 지금 우리가 따르는 저작권법은

신문, 방송, 책이 대세인 매스 미디어 시대를 고려해 만들어져 있거든요.

　대표적인 움직임이 바로 디지털 미디어 플랫폼에도 저작권을 지키지 못했을 때 책임을 묻도록 만드는 것이랍니다. 우리나라에서는 2019년 1~8월 사이 유튜브를 통해 무려 8,333건이나

되는 불법 복제 콘텐츠가 돌아다니다 적발됐어요. 그런데도 우리나라의 법으로는 유튜브에 책임을 물을 수 없어요. 유튜브는 동영상을 올릴 수 있도록 공간을 제공했을 뿐 저작권을 침해하는 콘텐츠를 직접 만든 건 아니니까요. 그렇지만 디지털 세상에서 유튜브가 단순하게 시청자와 크리에이터를 이어 주는 공간을 넘어선 만큼 새로운 기준을 마련해야 한다는 목소리가 커지고 있답니다.

불법 복제와 전송이 쉬운 디지털 미디어 시대에 저작권은 어떻게 지켜야 할까요? 매스 미디어 시대와 어떤 점이 달라져야 할까요? '콘텐츠의 시대'의 주인공이 될 여러분도 꼭 한번 생각해 봐요.

4장

실전, 유튜버 되기!

이제 실전에 들어가 볼까요?
그런데 막상 무엇을 만들어야 할지부터 막막하다고요?
그럼 지금부터 제가 말한 순서대로 따라와 봐요.

1. 내가 좋아하는 분야를 찾고 주제를 골라 동영상 밑그림을 그리기
2. 스마트폰으로 동영상을 촬영하고 편집하기
3. '구독'을 부르는 제목과 섬네일 스케치(엄지손톱만 한 스케치) 만들기
4. 동영상을 올리고 시청자와 만나기

'시작이 반'이라는 말이 있잖아요.
짧은 동영상을 하나라도 만들어 올렸다면
여러분은 크리에이터가 되기 위한 성공적인 발걸음을 뗀 거예요.
그럼 지금부터 함께 동영상을 만들어 볼까요?

01 실전, 유튜버 되기!

어떤 콘텐츠를 만들지?

　우리나라 1세대 유튜버 중 한 명인 대도서관이 쓴 《유튜브의 신》이라는 책을 보면 자신이 유튜버로 성공할 수 있었던 비결은 공부가 아닌 '쓸데없는 일'이었다고 했어요. 대도서관은 어렸을 때 친구들에게 '게임 공략집'을 배포할 정도로 게임을 좋아했던 게 '게임 방송'을 하는 밑거름이 되었대요. 그러면서 "자기가 잘하는 일, 관심 있는 일을 창작물로 만들어 디지털 미디어 플랫폼에 올리면 누군가는 반드시 본다."라고 이야기했답니다.

　대부분 자기가 좋아하고 관심 있는 분야가 있어요. 이것만큼은 세상 누구보다도 내가 잘 안다는 자신감이 있는 분야가 있거나, 시간이 날 때마다 하는 취미 활동이 있을 수 있어요.

'취미'라고 할 만큼 거창하진 않아도 친구들과 이런 주제, 저런 주제로 즐겁게 수다를 떠는 걸 좋아할 수도 있고 책을 읽거나 뉴스를 본 뒤 이걸 쉽고 재미있게 풀어서 말해 주는 걸 좋아할 수도 있고요.

이렇게 여러분이 관심을 둔 분야와 좋아하는 일은 모두 훌륭한 동영상의 소재예요. 관심이 있고 좋아한다는 건 그만큼 남들보다 그 분야를 잘 알고 어떻게 그 분야를 즐기면 재미있는지를 안다는 뜻이거든요.

남들이 나와 같은 관심사를 갖고 있을지 고민할 필요도 없어요. 유튜브로 만날 수 있는 전 세계 수십억 명 중 누군가는 내가 올린 동영상을 좋아할 준비가 돼 있을 거예요. 내가 즐거워서 만든 영상이 누군가에게 '취향 저격' 콘텐츠일 수 있답니다.

여러분이 시간 가는 줄 모르고 할 정도로 좋아하는 일은 무엇인가요? 이것을 찾는 게 바로 크리에이터가 되기 위해 첫 번째로 답해야 할 질문이랍니다. 이걸 찾았다면 고민하지 말고 그 주제로 동영상 만들기에 도전해 봐요.

실전, 유튜버 되기!

02 잘 만든 동영상에는 '밑그림'이 있다

동영상을 무엇으로 만들지 주제를 정했다면 이제 기획을 해 볼 차례입니다. 기획은 동영상을 만드는 데 필요한 모든 과정을 먼저 생각해 보고 정리하는 것을 의미해요. 같은 주제라도 기획을 어떻게 하는지에 따라 전혀 다른 영상이 나올 수 있어요.

우리는 '올바르게 유튜브를 사용하기'라는 주제로 영상을 어떻게 만들지 한번 고민해 볼까요?

제목	어린이책 《유튜브 탐구 생활》을 통해 배우는 사이버 폭력을 피하는 법
기획 의도	유튜브는 정말 재미있지만, 이걸 제대로 사용하지 않으면 사이버 폭력의 대상이 될 수 있다. 그래서 여러 친구들이 유튜브를 사용하면서 겪었던 나쁜 경험을 이야기해 보고 이런 일이 생기지 않도록 다른 친구들이 무엇을 알아야 할지를 책을 통해 알아본다.
출연자	사회자(나), 직접 유튜브 채널을 운영하는 친구1, 유튜브에서 동영상을 보는 걸 좋아하는 친구2
진행 방식	유튜브에서 겪었던 안 좋은 경험들을 출연자들이 돌아가면서 말한다. 책을 보면서 이런 상황을 겪지 않으려면 무엇이 필요한지 출연자들끼리 이야기해 본다.
촬영 장소	교실
영상 길이	15분

제목	크리에이터를 꿈꾸는 어린이라면 꼭 읽어야 할 《유튜브 탐구 생활》
기획 의도	유튜브에서 많은 시간을 쓰는 어린이들이 꼭 알아야 할 정보를 담은 좋은 책을 추천해 준다.
출연자	진행자(나)
진행 방식	직접 출연해 책의 내용과, 특별히 인상 깊게 읽었던 구절 등을 소개한다.
촬영 장소	내 방
영상 길이	3분

 어때요? 같은 소재로 만드는 영상인데 전혀 다른 두 개의 기획안이 나왔어요.
 기획안을 만드는 건 마치 도화지에 밑그림을 그리는 것 같은 작업이에요. 기획안을 보면 동영상이 다 완성된 뒤에 어떤 모습일지 대충 감을 잡을 수 있어요. 기획안에는 왜 이 동

영상을 만들려고 하는지, 무엇을 찍고 누가 출연할지, 시청자들에게 하고 싶은 말은 무엇인지, 동영상의 길이는 몇 분으로 할지 등을 자세하게 담겨 있거든요.

그런데 기획안을 안 짜고 그냥 찍으면 안 되냐고요? 좋은 콘텐츠를 만들고 싶다면 간단하게라도 기획안을 짜 보는 게 좋답니다.

우리가 밑그림을 그리는 건 색을 한번 칠하면 되돌리기 어렵기 때문에 지울 수 있는 연필로 미리 완성됐을 때의 모습을 가늠해 보는 거예요. 아무리 뛰어난 화가라도 한 번에 쓱쓱 색부터 칠하다가는 실수를 할 수 밖에 없을 거예요. 동영상도 마찬가지예요. 한 번 찍고 나면 영상을 고치거나 다시 찍기가 어렵거든요. 기획안 없이는 아무리 뛰어난 PD도 엉성한 작품을 만들 수밖에 없어요.

유튜브의 대표적인 영상들

▶ 언박싱

언박싱(Unboxing)은 '박스를 뜯다'라는 뜻이에요. 한마디로 새로 산 물건을 개봉하는 영상입니다. 시청자들은 간접적으로 쇼핑을 했을 때 즐거움을 느끼기도 하고 물건을 살까 말까 고민할 때 구체적인 정보를 얻을 수도 있어요. 유튜브에서 가장 자주 볼 수 있으면서도 인기가 높은 형식입니다.

▶ 게임 중계

게임을 하면서 이걸 맛깔나게 해설해 주는 영상이에요. 시청자들은 마치 스포츠 경기를 중계방송과 함께 보는 것 같은 재미를 느낍니다. 컴퓨터나 스마트폰 화면을 곧바로 녹화해서 만들 수 있어요.

▶ 인터뷰

누군가에게 질문하고 여기에 대한 대답을 듣는 영상입니다. 인터뷰 대상은 아주 다양합니다. 만나기 힘든 유명인이나 특정 분야에 대한 지식이 많은 전문가를 만나기도 하지만 우리 주변에서 만나는 보통 사람들이 어떤 생각을 하는지 듣는 인터뷰도 인기가 많아요.

▶ 브이로그

옛날에는 블로그에 사진과 글로 자신의 일상을 기록하는 사람들이 많았습니다. 그런데 누구나 영상을 찍을 수 있게 된 요즘에는 비디오로 일상을 기록하는 사람들도 많아요. 이런 영상을 '비디오(Video)'와 '블로그(Blog)'를 합쳐서 '브이로그(Vlog)'라고 합니다.

03 실전, 유튜버 되기!

일단 스마트폰만 있으면 돼

좋아하는 소재를 찾고 기획까지 했다면 이제 동영상을 직접 만들 차례입니다. 동영상을 제작하기 위해서는 어떤 장비가 필요할까요?

여러분이 좋아하는 많은 유튜버가 직접 사용하는 장비가 무엇인지 공개하는 영상을 올리곤 해요. 도대체 무엇으로 영상을 만들까 궁금해 하는 꿈나무 유튜버들을 위해서죠. 이런 인기 유튜버들이 공개하는 장비를 보면 정말 입이 떡 벌어져요. 카메라, 조명, 마이크까지…… 가격도 하나에 수십만 원에서 수백만 원까지 엄청나게 비싸대요.

그런데 이렇게 멋진 장비가 없어도 유튜버에 도전할 수 있어요. 스마트폰 딱 하나만 있으면 충분히 초보 유튜버가 될 수 있답니다.

요즘 나오는 스마트폰에는 화질이 좋고 기능이 훌륭한 카메라가 달려 있어요. 셀카 봉에 스마트폰을 연결하거나 삼각대를 사용해 고정만 해도 스마트폰은 멋진 카메라로 변신해요.

자막을 넣고 영상에서 필요한 부분을 자르고 여러 개의 영상을 이어 붙이는 편집도 스마트폰으로 할 수 있어요. 애플 앱 스토어나 구글 플레이 스토어에 들어가 '영상 편집'이라고 검색한 뒤 마음에 드는 애플리케이션을 받으면 돼요.

스마트폰으로 편집하는 게 답답하다면 원본 영상을 컴퓨터로 옮겨서 작업하면 돼요. 컴퓨터에는 '비디오 편집기'라는 기

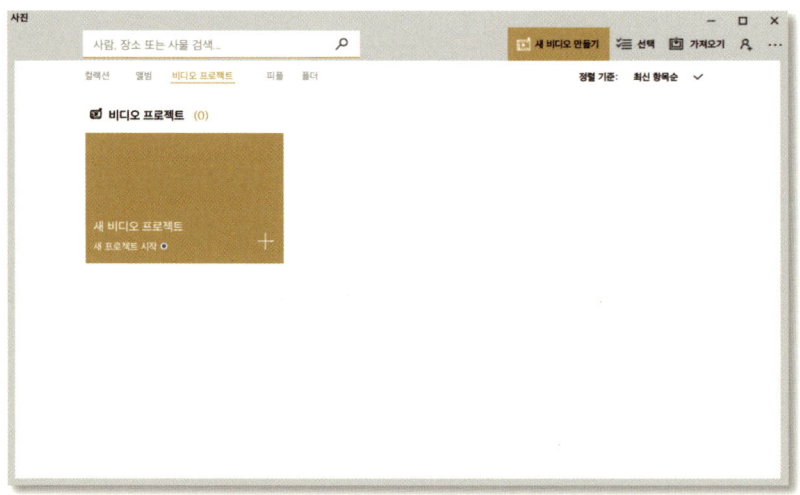

▲ 윈도우10에 있는 비디오 편집기 프로그램 첫 화면

본 프로그램이 깔려 있을 뿐 아니라 인터넷에 접속해 다양한 전문 프로그램의 무료 체험판을 다운로드 받아서 영상을 제작해 볼 수 있답니다.

혹시 내가 가지고 있는 장비만으로 원하는 영상을 다 만들 수 없다는 생각이 드나요? 그럼 장비 사용법을 교육해 주고 짧은 기간 동안 장비를 빌릴 수 있는 '영상미디어센터'나 '콘텐츠코리아랩'을 이용해 보세요. 이런 공간을 이용하면 여러분의 용돈만으로도 충분히 전문적인 장비를 사용해 볼 수 있어요.

영상을 만드는 데 필요한 전문 장비와 프로그램

▶ 카메라
영상을 촬영하는 장비. 작고 가벼운 하이 엔드 카메라, 동영상 촬영에 좋은 캠코더, 렌즈를 교환해서 쓸 수 있는 미러리스와 DSLR, 먼지와 물에 강해서 야외 촬영에 적합한 액션 캠 등 다양한 특징의 제품이 있어요.

▶ 삼각대
카메라를 고정할 수 있는 받침대. 흔들리지 않고 안정적인 영상을 찍도록 도와줘요.

▶ 짐벌
카메라를 들고 다닐 때도 흔들리거나 떨리지 않고 안정적인 화면이 나오도록 하는 장비. 요즘은 카메라와 짐벌이 하나로 합쳐진 장비도 있어요.

▶ 마이크
소리를 녹음해 주는 장비. 스마트폰이나 카메라에는 기본적으로 마이크가 달려 있지만 주변 소음을 녹음하지 않고 사람의 목소리만 또렷하게 녹음하려면 마이크가 필요해요.

▶ 편집 프로그램
촬영한 원본 영상을 자르고 붙이거나 자막을 넣어서 완성된 작품으로 만들어 주는 프로그램. 윈도우즈에 있는 '비디오 편집기'로도 간단한 편집을 할 수 있어요. 하지만 전문적인 효과를 내려면 '프리미어 프로', '파이널컷 프로'와 같은 고급 프로그램을 사용해야 합니다.

04 실전, 유튜버 되기!

잘 만든 영상보다 더 중요한 건 첫인상

여러분은 유튜브에서 영상을 고를 때 어떻게 하나요?

찾고 싶은 영상이 있다면 유튜브에서 검색을 할 거예요. 그럼 수많은 영상이 결과에 뜨겠지요. 이 중에서 스크롤을 열심히 움직이다가 미리 보기 이미지가 눈에 띄는 영상에 손가락을 가져가겠지요?

이런 미리 보기 이미지는 전문 용어로 섬네일(Thumbnail)이라고 불러요. 엄지손톱이라는 뜻이에요. 영상이 대략 어떤 내용인지 설명해 주는 작은 크기의 그림이기 때문에 이런 이름이 붙었답니다.

시청자들은 대부분 섬네일로 처음 영상을 접하게 됩니다. 그러니까 섬네일이 내 영상의 첫인상을 결정하는 거예요. 아

아무리 잘 만든 영상이라도 섬네일이 매력적이지 않다면 조회 수가 높게 나오기 힘들답니다.

그래서 인기 유튜버들은 섬네일을 만드는 데 많은 공을 들여요. 스마트폰과 같이 작은 화면에서도 눈에 잘 들어오는 이미지를 고르고 사람들이 흥미를 느낄 만한 제목을 짓고 잘 읽히게 달아야겠죠?

섬네일을 만들 때는 이미지 편집 프로그램이 필요합니다. 컴퓨터에는 무료로 사용할 수 있는 '그림판'이라는 프로그램이 깔려 있어요. 그렇지만 더욱 다양한 효과를 주려면 '포토샵' 등 전문적인 프로그램이 필요하답니다.

또 '메타데이터'도 꼼꼼하게 적어야 합니다. 메타데이터는 영상을 올릴 때 넣는 제목, 설명, 해시태그(#) 등을 뜻해요. 한마디로 '이 영상이 담고 있는 내용이 이것입니다.'라는 걸 알려 주는 정보죠.

유튜브는 메타데이터에 내가 적어 놓은 설명을 토대로 내 영상을 좋아할 만한 사람들과 영상을 연결해 줘요. 추천 동영상에 띄워 주거나 검색 결과에 나타나게 해 주는 방식으로요. 그러니까 영상을 아무리 잘 만들어도 영상에 대한 소개가 잘 만들어지지 않았다면 시청자들을 모을 수 없겠죠?

▲ 글이 너무 길어서 좋지 않은 섬네일

▲ 주제가 명확하게 보여 좋은 섬네일

05 실전, 유튜버 되기!

유튜브로
돈을
벌고 싶다고?

동영상을 다 만들었으면 이제 시청자들에게 보여 줄 차례입니다. 이걸 '콘텐츠 유통'이라고 불러요. 콘텐츠 유통을 잘 해서 내 채널을 찾는 사람이 많아지면 자연스럽게 돈을 벌 수 있게 돼요.

콘텐츠를 유통하기 위해서는 우선 유튜브에 가입해야 해요. 그러면 가입과 동시에 영상을 올릴 수 있는 나의 채널이 생기죠. 채널의 이름을 정하고 동그란 프로필에 표시되는 로고와 채널 아트를 만들고 나면 채널이 완성됩니다. 채널 아트는 이 채널이 무엇인지 한눈에 설명해 줘요. 사람들이 이름과 로고, 채널 아트를 보고 내가 만드는 콘텐츠가 대략 어떤 것인지 짐작할 수 있게 만드는 게 중요합니다.

그런데 채널에 동영상을 올리자마자 바로 돈을 벌 수 있는 건 아니에요. 유튜브와 같은 디지털 미디어 플랫폼들은 '최소 수익 창출 기준'이라는 걸 마련해 뒀거든요. 2021년 현재 구독자 수가 1,000명이 넘고 시청자들이 최근 1년간 총 4,000시간 이상 내 채널의 영상을 시청하면 수익 창출을 신청할 수 있어요. 저작권을 위반한 영상을 1~2개 올리고 단기간에 조회 수를 올린 뒤에 광고 수익을 챙겨 가는 나쁜 사람들을 막으려고 만든 기준이에요. 그래서 유튜브로 돈을 벌려면 일단 기준을 달성할 때까지 꾸준하게 영상을 올려야 해요.

채널이 성장해 최소 수익 창출 기준을 달성해서 유튜브의 파트너가 되면 돈을 벌 수 있어요. 유튜브는 시청자가 채널에

올라간 동영상에 붙은 광고를 볼 때마다 광고비를 나누어 주거든요. 기업에서 내 영상에 광고를 100원 지출하면 유튜브가 45원을 갖고 55원이 유튜버에게 들어와요. 그래서 영상의 조회 수가 높으면 돈을 많이 버는 거예요. 영상 중간 중간에 붙은 광고도 그만큼 사람들이 많이 보게 되니까요.

유튜버들은 광고비 외의 다른 방법으로도 돈을 벌 수 있습니다. 영상에 특정 브랜드나 제품을 노출해 주고 광고비를 받는 거예요. 이런 걸 간접 광고(PPL)라고 합니다.

또 유튜브 밖에서 활동할 수도 있어요. 유튜브를 통해 만난 팬들을 대상으로 책을 쓰거나 강연을 하는 거죠. 이 정도 활동을 할 정도가 된다면 정말 유튜브가 취미가 아닌 직업이라고 할 만하겠죠?

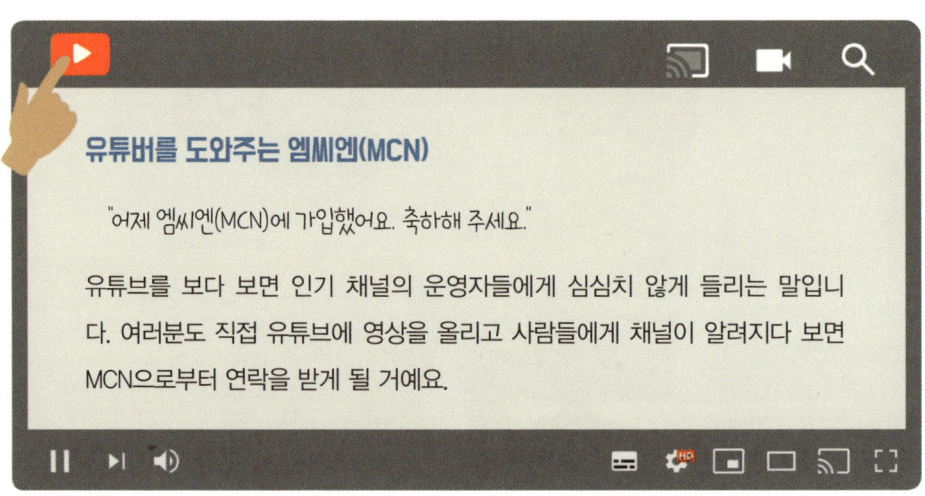

유튜버를 도와주는 엠씨엔(MCN)

"어제 엠씨엔(MCN)에 가입했어요. 축하해 주세요."

유튜브를 보다 보면 인기 채널의 운영자들에게 심심치 않게 들리는 말입니다. 여러분도 직접 유튜브에 영상을 올리고 사람들에게 채널이 알려지다 보면 MCN으로부터 연락을 받게 될 거예요.

도대체 MCN은 어떤 일을 하는 곳일까요? MCN은 '다중채널네트워크(Multi Channel Network)'의 줄임말입니다. 연예인들이 소속된 연예 기획사처럼 크리에이터들이 소속돼 있는 회사죠. MCN에 들어가면 유튜버가 혼자 갖출 수 없는 촬영 장비와 스튜디오를 사용할 수 있어요. 또 저작권 관리나 광고 협상 등과 같은 복잡한 일들은 MCN에 있는 전문가에게 맡길 수도 있어요. 혼자 하기 벅찬 일을 대신 해 주는 MCN이 있다면 재미있는 콘텐츠를 만드는 데 훨씬 집중할 수 있겠죠?

샌드박스 네트워크, 다이아TV와 같은 유명한 MCN에는 들어가는 것만으로도 인기 유튜버로 여겨지기도 한답니다. 마치 SM, YG, JYP 같은 기획사에 들어간 아이돌 연습생처럼 말이죠.

하지만 세상에 공짜는 없어요. 이런 일을 도와주는 대가로 MCN은 유튜버가 버는 돈을 나눠 가져요. 또 유튜버가 더 많은 돈을 벌 수 있도록 콘텐츠 기획에 참여하는 권리를 갖게 돼요.

그래서 MCN에 가입할 때는 신중해야 해요. 어떤 유튜버들은 MCN에 가입한 뒤 콘텐츠를 마음대로 만들지 못한다고 갈등을 빚기도 해요. MCN들은 유튜버의 수익을 나눠 가져야 하니까 간접 광고를 많이 붙이고 조회 수가 잘 나올 만한 콘텐츠만 만들도록 영향력을 행사할 수 있거든요. 그러다 보면 유튜버의 채널도 처음 시작할 때의 마음과 달리 자극적인 콘텐츠로 채워지기도 하죠. 또 생각만큼 많은 도움을 주지도 않으면서 수익 배분을 요구하는 MCN들도 있어요.

그러니까 MCN의 제안이 온다면 내게 부족한 부분이 무엇이고 어떤 부분에서 도움이 필요한지를 꼼꼼히 따져 봐야 해요. 혼자서는 할 수 없는 일이 많다면 MCN의 도움을 받는 게 좋지만, 수익에 크게 신경 쓰지 않고 자유롭게 영상을 만들고 싶다면 MCN에 가입하지 않는 편이 더 낫답니다. 이런 결정을 할 때 꼭 부모님의 도움을 받아야 한다는 것도 잊지 말아요. 계약서를 잘 살펴야 생각하지 못한 억울한 일을 당하지 않을 테니까요.

어린이 유튜버, 인권도 지켜 주세요

매년 12월이면 전 세계 언론의 주목을 받는 소년이 있답니다. 바로 '라이언의 세상(Ryan's World)'이라는 채널을 운영하는 어린이 유튜버 라이언입니다. 아직 초등학생인 이 어린이가 유튜브에서 벌어들이는 돈은 일 년에 우리나라 돈으로 300억 원이 넘습니다. 라이언은 2015년부터 부모님들의 도움을 받아 유튜브에 영상을 올리기 시작했는데 6년 만에 구독자가 약 3천만 명이 됐어요.

우리나라에서도 라이언에 견줄 수 있는 어린이 유튜버가 있어요. 바로 '보람튜브'의 주인공 보람입니다. 보람이가 출연하는 유튜브 채널을 다 모으면 전체 구독자가 4천만 명이 넘는다고 해요. 이 채널들이 버는 돈은 한 달에 40억 원 정도라고 합니다.

여러분은 이런 어린이 유튜버들이 부러운가요? 여러분보다 어린 나이에 벌써 부자가 된 게 신기한가요? 그런데 마냥 이 둘만 보고 부러워하기에 앞서 꼭 짚고 넘어갈 점이 있답니다.

모든 어린이는 존중받아야 할 인권을 가지고 있어요. 힘든 일

을 강제로 하거나 고통스러운 학대를 당해도 안 됩니다. 대신 미래에 훌륭한 어른으로 성장할 수 있도록 충분한 교육을 받고 여가를 즐길 권리가 있어요. 이건 전 세계 어린이들이 모두 누려야 할 권리에요. 우리나라를 비롯한 유엔 가입국들이 함께 만

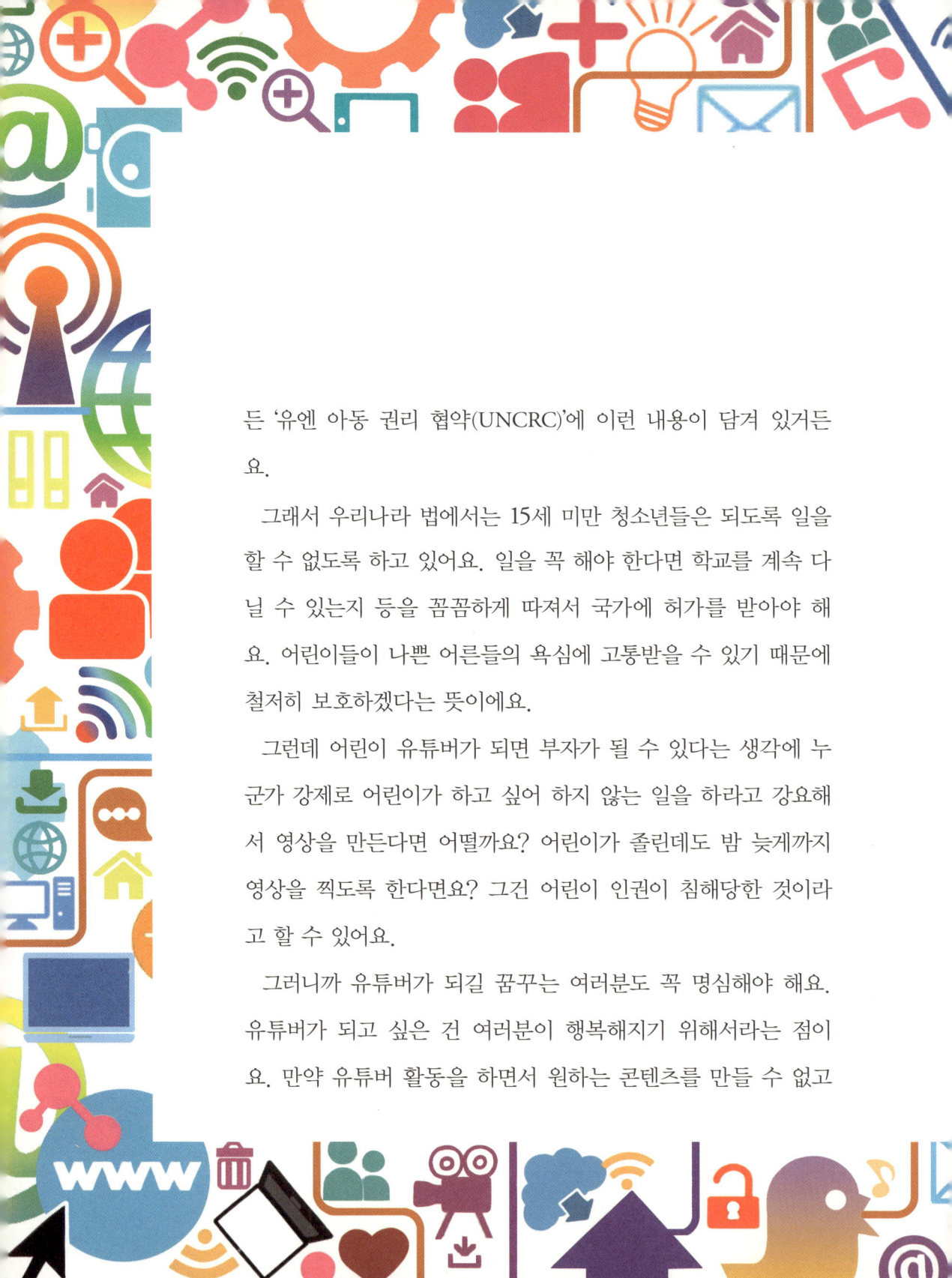

든 '유엔 아동 권리 협약(UNCRC)'에 이런 내용이 담겨 있거든요.

그래서 우리나라 법에서는 15세 미만 청소년들은 되도록 일을 할 수 없도록 하고 있어요. 일을 꼭 해야 한다면 학교를 계속 다닐 수 있는지 등을 꼼꼼하게 따져서 국가에 허가를 받아야 해요. 어린이들이 나쁜 어른들의 욕심에 고통받을 수 있기 때문에 철저히 보호하겠다는 뜻이에요.

그런데 어린이 유튜버가 되면 부자가 될 수 있다는 생각에 누군가 강제로 어린이가 하고 싶어 하지 않는 일을 하라고 강요해서 영상을 만든다면 어떨까요? 어린이가 졸린데도 밤 늦게까지 영상을 찍도록 한다면요? 그건 어린이 인권이 침해당한 것이라고 할 수 있어요.

그러니까 유튜버가 되길 꿈꾸는 여러분도 꼭 명심해야 해요. 유튜버가 되고 싶은 건 여러분이 행복해지기 위해서라는 점이요. 만약 유튜버 활동을 하면서 원하는 콘텐츠를 만들 수 없고

즐겁지 않다면 과감히 중단해야 해요. 이건 라이언이나 보람이 같은 인기 유튜버들도 마찬가지입니다. 어린이들은 마땅히 존중 받아야 할 인격체이자 '대한민국의 미래'니까요.

4차 산업 혁명이라는 말 들어 봤어요?
인공 지능, 가상 현실(VR), 로봇 등 4차 산업 혁명을 일으키는 기술은
미디어 생활도 크게 바꿔 놓을 거예요.
유튜브를 덜덜 떨게 할 새로운 플랫폼이 나타날 수 있지요.
인공 지능과 로봇이 인기 크리에이터가 될 수도 있어요.
제2의 스티브 잡스가 등장해
스마트폰만큼 우리 삶을 바꿀 충격적인 기기를 내놓을 수도 있어요.
'가짜 뉴스'보다 더 무서운 무언가가 생길지도 몰라요.
그럼 지금부터 우리가 만날 미래 미디어 세상에 대해 함께 알아볼까요?

5장

미래 미디어 세상은 어떨까?

01 미래 미디어 세상은 어떨까?

유튜브를 위협하는 새로운 플랫폼

요즘 어린이 여러분 사이에서 뜨는 앱이 하나 있다고요? 무적인 줄 알았던 유튜브도 위태로울 정도라고요? 그건 바로 2016년 중국에서 태어난 바이트 댄스의 '틱톡(TikTok)'입니다. 틱톡은 15초짜리 동영상을 공유하는 모바일 미디어 플랫폼이에요. 유튜브와 달리 영상을 찍어 편집해 올리는 모든 과정을 앱 하나로 한 번에 할 수 있어요. 누구나 쉽게 동영상을 제작할 수 있는 데다 감각적인 영상이 많아 틱톡은 빠른 속도로 10대들 사이에서 영향력을 키우고 있어요.

틱톡을 보면 유튜브 제국이 어쩌면 영원하진 않을 거란 생각이 들어요. 사실 크리에이터들은 더 쉽게 동영상을 공유하고 많은 시청자를 만날 수 있다면, 플랫폼을 가릴 이유가 없어요. 어느 날 더 좋은 플랫폼이 생긴다면 주 활동 무대를 바꿀 수 있죠.

그래서 유튜브를 비롯한 디지털 미디어 플랫폼들은 사람들을 머무르게 하려고 끊임없이 고민합니다. 시청자들이 편리하게 사용할 수 있는 새로운 기능을 추가하고 크리에이터들에게 새로운 수익원을 발굴해 주려고 노력하죠.

그리고 하나 더, 요즘은 크리에이터들이 만든 콘텐츠를 유통하는 것을 넘어 플랫폼이 직접 콘텐츠 제작에 뛰어들기도 합니다. 플랫폼들이 만든 콘텐츠는 '오리지널(Original) 콘텐츠'라고 부릅니다. 오리지널 콘텐츠는 대부분 해당 플랫폼에

가야만 볼 수 있어요. "이 콘텐츠를 보고 싶으면 꼭 유튜브에 와야 해요."라고 미끼를 던지는 거죠.

사실 이런 전략은 유튜브 이전에 미국의 '넷플릭스'가 먼저 시도했답니다. 넷플릭스는 온라인을 통해 드라마, 영화와 같은 콘텐츠를 실시간 재생(스트리밍)할 수 있는 플랫폼이에요. 광고를 붙이지 않는 대신 매월 일정한 금액을 내는 회원만 콘텐츠를 볼 수 있어요. 그래서 결제를 유도하기 위해 오리지널 콘텐츠를 만들기 시작했답니다. 넷플릭스와 같은 플랫폼은 오티티(Over the top) 서비스라고 부릅니다.

오리지널 콘텐츠를 만들기 위해 플랫폼들이 쓰는 돈은 상상을 초월할 만큼 많습니다. 넷플릭스는 2018년 무려 80억 달러(약 8조 9,000억 원)를 투자해 700여 편의 오리지널 콘텐츠를 만들었어요. 8조 원은 우리나라의 광역시인 대구시의 살림을 1년간 꾸리는 데 들어가는 돈과 맞먹는 규모랍니다.

그럼에도 불구하고 유튜브, 넷플릭스와 플랫폼들이 엄청난 돈을 쏟아붓는 건 오리지널 콘텐츠가 플랫폼의 생존을 결정하는 열쇠이기 때문이 아닐까요? 숨 가쁘게 변하는 미디어 세상에서 영원한 1인자는 없는 법이니까요.

02 미래 미디어 세상은 어떨까?

가상 현실(VR)을 입고 더 강력해질 디지털 미디어

2017년 세계 3대 영화제 중 하나인 칸 영화제는 엄청난 논란에 휩싸였습니다. 한국의 봉준호 감독이 연출을 맡고 디지털 미디어 플랫폼인 넷플릭스가 제작한 영화 《옥자》가 그해 가장 뛰어난 영화를 가리는 경쟁 부문에 진출했거든요. 그러자 프랑스, 한국 등 세계 많은 국가의 영화관에서 '옥자'의 상영을 거부하는 사태가 벌어졌어요. 프랑스 극장 연합에서 극장에서 먼저 개봉하지 않는 옥자를 '영화'로 인정하지 않겠다고 한 것이죠. 급기야 칸 영화제는 앞으로 넷플릭스가 만든 영화는 초청하지 않겠다고 하기도 했어요. 넷플릭스도 칸 영화제에는 출품을 거부하겠다고 선언해 버렸죠.

이러한 사건은 영화계가 넷플릭스와 같은 디지털 미디

어 플랫폼에 가진 공포에서 비롯됐어요. 전통적인 영화 산업의 뿌리가 흔들릴 수 있다는 생각을 한 거예요. 하지만 이런 저항에도 디지털 미디어 플랫폼의 영화계 잠식은 거스를 수 없는 시대의 흐름이 되어 버렸죠. 미국에서는 '넷플릭스드(Neflixed)'라는 말까지 생겼대요. 새로운 기업이 등장해 과거의 산업이 무너질 때 쓰이는 말이죠.

그런데 여기에 가상 현실(VR) 기술까지 합세하면 그 흐름은 더욱 빨라질 거예요. VR은 사람이 프로그램으로 만들어 놓은 가상 공간에서 실제 같은 체험을 할 수 있도록 하는 기

술을 말합니다.

　영화관 나들이가 취미인 친구들이 많지요? 커다란 스크린과 사방에서 울려 퍼지는 쨍쨍한 소리로 영화를 보면 같은 영화라도 집에서 보는 것과는 차원이 다른 재미를 줍니다. 하지만 집에서도 이런 재미를 느낄 수 있다면 사람들은 굳이 영화관에 가지 않을 거예요. 비싼 값의 표를 사고 불편한 의자에 앉아 영화를 보기보다 집 소파에 누워 영화를 보는 걸 택하는 사람이 더 많겠지요?

　VR 기술이 발전하면 이게 가능하답니다. 스마트폰과 VR 헤드셋를 연결하고 마치 안경처럼 착용하기만 하면 눈앞에는 마치 거대한 스크린이 생겨요.

　게다가 VR 헤드셋이 디지털 미디어 플랫폼과 만나면 사람들은 굳이 영화 상영 시간에 맞춰 극장에 가거나 미리 영화표를 예매할 필요도 없어요. 언제 어느 때나 터치 한 번으로 원하는 영화를 상영할 수 있으니까요.

　이렇게 되면 영화관이라는 공간이 주는 힘을 무기로 그나마 버티고 있던 영화 산업마저 디지털 미디어 플랫폼에 주도권을 내주게 될 것입니다. 20년 뒤에는 가족끼리 손을 잡고 영화관에 가는 풍경이 오래된 영화에서나 볼 수 있는 모습이 될 수도 있어요.

03 미래 미디어 세상은 어떨까?

인공 지능이 골라 주는 정보, 믿어도 될까?

지난 2013년 제작된 영화 《그녀(Her)》는 인공 지능과 사람의 사랑을 다룬 영화입니다. 아내와 사이가 좋지 않은 테오도로는 어느 날 챗봇(일상 언어로 대화할 수 있는 채팅 로봇) '사만다'를 만나게 됩니다. 몸은 없지만 뛰어난 인공 지능을 지닌 사만다와 테오도로는 목소리로 소통을 하죠. 자신의 말에 귀 기울여 주고 관심을 주는 사만다에게 테오도로는 진정한 사랑을 느끼게 됩니다.

사람과 인공 지능의 사랑이라니, 영화 속에서나 벌어질 것 같은 이야기라고요? 인공 지능이 인간과 지식과 감정을 나눌 수 있냐고요? 그런데 사실 이런 세상은 사실 우리 눈앞에 성큼 다가와 있답니다.

　요즘 클로버, 누구, 구글홈, 아마존 에코와 같은 스마트 스피커가 집에 있는 친구들이 많을 거예요. 스마트폰에는 빅스비, 시리와 같은 인공 지능 음성 비서가 들어 와 있고요. 우리는 사람의 말을 알아들을 수 있는 인공 지능에게 날씨 안내, 음악 추천, 인터넷 검색 등을 요청합니다.

　아직 스마트 스피커는 알아들을 수 있는 말이 많지 않아요. 하지만 스마트 스피커의 기술이 빠르게 발전하고 있기 때문에 2~3년 안에 우리의 대화를 상당한 수준으로 이해하게 될 거예요. 어쩌면 챗봇 사만다처럼 인간보다 더 우리에게 안정을 줄지도 모르죠.

　이런 시기가 오면 우리가 정보를 찾는 방법도 달라질 거예요. 지금은 키보드로 검색어를 입력한 뒤 여러 개의 결과를 받으면 그중 어떤 걸 볼지 직접 선택하죠. 그런데 10년 뒤에는 "뭐 재미있는 것 없어?"라는 한마디에 인공 지능이 알아서 우리가 좋아할 만한 영상을 찾아서 틀어 줄 거예요. 사실상 우리가 어떤 정보를 접하게 될지를 인공 지능이 결정해 주는 거예요.

그런데 인공 지능이 100% 바른 판단을 내릴 수 있을까요? 전문적으로 훈련 받은 편집자가 꼼꼼하게 골라서 만든 신문이나 뉴스에도 종종 '오보'가 생겼는걸요. 마찬가지로 인공 지능이 들려준 정보나 골라 준 영상에도 이상한 정보가 섞여 있을 수 있어요. 나쁜 마음을 먹은 인공 지능 회사가 사람들을 지배하는 영화가 현실이 될지도 몰라요.

그러니까 인공 지능이 엄청나게 발전한 세상에서도 우리는 디지털 리터러시를 갖춰야 한답니다. 스스로 비판적인 사고 능력을 기르지 않는다면 누구도 우리를 대신해 생각을 하고 진실과 거짓을 완벽히 구분해 주지 못할 거예요.

04 미래 미디어 세상은 어떨까?

로봇 기자,
버츄얼 크리에이터가
온다

이 기사는 증시 분석 전문 기자 뉴스봇(newsbot)이 실시간으로 작성했습니다.

여러분은 인터넷에서 기사를 읽다가 이런 기자명(바이라인)을 본 적이 없나요? 이름이 뉴스봇이라니 분명히 사람은 아닌 것 같은데 과연 누가 쓴 기사일까요?

이런 기사는 바로 로봇 기자들이 쓴 것이랍니다. 로봇이 기사를 쓰는 시대는 먼 미래라고 생각했는데, 벌써 우리나라에서 이런 일이 일어나고 있다니까 조금 놀랐지요?

로봇 기자들은 지금은 금융 시장의 움직임이나 스포츠처럼 숫자로 나타나는 결과를 빠르게 전하는 데 주로 활용되고 있어요. 예를 들어 국가 대표 축구 경기에서 한국이 일본을 2대 1로 꺾었다고 해 봐요. 그러면 경기가 끝나는 순간 경기 결과와 함께 역대 전적, 이날 경기에서 점수를 기록한 선수와 승리 투수 등의 정보를 빠르게 모아서 기사로 만들어 주는 거예요. 이런 기사는 하나의 틀 속에 매일 나오는 경기 결과만 넣어 주면 되기 때문에 로봇 기자도 어렵지 않게 작성할 수 있어요. 오히려 숫자를 빠르게 확인해서 틀 안에 넣는 일은 사람보다 로봇이 훨씬 빠르고 정확하게 할 수 있답니다.

 버츄얼 크리에이터도 이미 등장했어요. 일본에서 만들어져서 2016년부터 활동하고 있는 '키즈나 아이'는 전 세계에서

구독자 수 300만 명 이상을 확보하고 있어요. 물론 아직은 인공 지능을 갖춘 유튜버는 아니랍니다. 사람이 움직이면 그대로 캐릭터를 움직이게 하는 모션 캡쳐 기술과 성우의 더빙으로 만든 캐릭터예요. 하지만 이런 콘텐츠를 보는 사람이 늘어나다 보면 인공지능이 사람들의 취향을 파악해 만들어 낸 크리에이터들도 언젠가는 생겨나겠죠?

로봇 기자나 버츄얼 크리에이터들이 많아지면 인간들은 미디어 업계에서 설 자리가 사라지는 게 아니냐고요? 음, 아마도 '스트레이트' 기사를 쓰는 기자들은 분명히 숫자가 줄어들 거예요. 스트레이트 기사는 앞에서 살펴본 것처럼 사건 사고, 시장 동향 등에 대한 사실을 빠르고 간단하게 작성한 기사를 말한답니다.

그렇지만 인간 기자들이 로봇 기자에 밀려나지는 않을 거랍니다. 사람들이 정말로 흥미를 갖는 정보는 단순한 사실의 나열이 아니라 독창적인 시선을 담은 기사거든요. '한일전'에서 골을 넣으며 승리를 이끈 선수가 힘겨운 재활 치료를 이겨낸 감동적인 사연을 갖고 있다는 걸 로봇 기자가 찾아낼 수 있을까요? 이런 '휴머니즘'을 담은 기사는 경기 뒤에 숨어 있는 이야기를 파악해 종합적으로 분석할 수 있는 사람밖에 쓸 수 없어요.

버츄얼 크리에이터도 마찬가지랍니다. 물론 인공지능은 24시간 동안 지치지 않고 방송을 할 수 있겠지만 우리가 원하는 건 그게 아니거든요. 감정을 헤아리고 서로 소통하는 능력은 인간이 더 뛰어난 만큼 인간 크리에이터의 인기를 뛰어넘기는 어려울 거예요.

미래 미디어 세상은 어떨까?

믿을 수 있는 미디어 세상을 만들려면

TV, 신문 등 매스 미디어가 이끌던 세상에서 디지털 미디어가 이끄는 세상으로의 전환은 우리가 알아차리지도 못할 만큼 빠른 속도로 일어났어요. 2005년 유튜브, 2007년 스마트폰이 탄생한 뒤 불과 20년도 채 되지 않았는데 말이에요. 너무 빠른 속도에 정신을 못 차릴 정도예요.

이런 우리가 맞이할 미디어 세상의 변화는 아직 진행 중입니다. 앞에서 살펴본 것처럼 유튜브의 자리를 노리는 새로운 플랫폼들이 계속 생겨나고 있어요. 벌써 넷플릭스나 틱톡과 같은 경쟁자가 나오고 있죠.

그뿐만이 아닙니다. 엄청나게 새로운 기기도 계속 나올 거예요. 인공 지능(AI)을 단 스피커가 빠르게 여러분 곁으로 오고 있어요. 스마트폰이 가진 능력을 200%로 끌어올릴 가상현실(VR) 기기도 서서히 영역을 넓히고 있습니다. 여기에 전혀 상상하지 못했지만, 우리 삶을 바꿔 놓을 만한 기기가 지구 어디에선가 개발되고 있을지도 몰라요. 스마트폰이 갑자기 등장했던 것처럼 말이죠.

새로운 플랫폼과 기기로는 끊임없이 콘텐츠가 쏟아져 들어올 거예요. 이미 기업들도 이런 변화를 알아채고 직접 콘텐츠를 만드는 일에 뛰어들고 있어요. 콘텐츠를 잘 만들면 브랜드를 알릴 수 있고 자연스레 돈도 더 많이 벌 수 있게 될 테니까요. 1인 미디어들이 만드는 콘텐츠도 지금보다 더 늘어날 거

예요.

앞으로 펼쳐질 미래를 '콘텐츠의 시대'라고 하는 것도 이런 이유에서랍니다. 콘텐츠를 만들고 미디어가 되는 법을 아는 사람에게는 상상할 수 없을 만큼 큰 기회가 열릴 것입니다.

물론 미래에는 좋은 일만 있는 건 아닐 거예요. 앞에서 살펴본 것처럼 가짜 뉴스는 딥페이크라는 무시무시한 모습으로 진화할 거예요. 혐오를 퍼뜨리는 필터 버블도 강력해질 거예요. 사이버 폭력도 점점 더 심해질 거예요.

그러니까 여러분은 두 눈을 똑바로 뜨고 미디어 변화를 준비해야 합니다. 사이버 폭력, 저작권 침해에서 자신을 지킬 수 있는 능력을 갖추고 콘텐츠를 만들 수 있는 창의력도 키워야 해요. 또 디지털 리터러시를 갖춰 나쁜 콘텐츠를 선별해 낼 힘을 길러야 해요. 그러면 지금의 유튜브는 물론 앞으로 어떤 새로운 변화가 나타나더라도 절대 흔들리지 않을 거예요.

지금까지 이 책을 잘 따라왔다면 여러분은 디지털 미디어를 똑똑하게 사용하는 데 부족함이 없을 것입니다. 똑똑한 콘텐츠 시청자이자 현명한 콘텐츠 생산자로서 말입니다. 자, 이제 유튜브를 비롯한 디지털 미디어를 제대로 사용할 준비를 마쳤나요?

공룡이 된 플랫폼과 '표현의 자유'

우리나라를 비롯한 전 세계는 유튜브, 페이스북 등 디지털 미디어 플랫폼에 대해 몇 년 전까지만 해도 크게 규제를 하지 않았어요. 플랫폼들은 직접 콘텐츠를 만들지 않고 사람들을 이어 주는 공간만 제공하는 역할을 한다고 봤거든요.

그 덕분에 디지털 미디어 플랫폼에는 신문, 방송 등 매스 미디어에서는 볼 수 없었던 사람들의 다양한 생각과 의견이 올라올 수 있었습니다. 이집트, 사우디아라비아 같은 나라에서는 뿌리 깊은 독재나 남녀 차별에 저항하는 민주주의 운동을 퍼뜨리는 씨앗이 되기도 했어요. 불합리적인 사회를 향한 비판적인 목소리는 사회를 바꾸는 데 큰 역할을 했습니다. 디지털 미디어 플랫폼들이 사람들의 사랑을 받으며 빠르게 성장할 수 있었던 배경에는 이러한 사회적 가치도 있답니다.

그런데 한편으로는 유튜브나 페이스북을 나쁘게 보는 사람들도 많아졌어요. 이제는 '표현의 자유'가 선을 넘어 독이 되고 있거든요. 가짜 뉴스, 다른 사람을 차별하고 혐오하는 나쁜 콘텐츠, 다른 사람의 저작권을 침해한 콘텐츠들까지 플랫폼을 타고 쉽게 퍼져나가고 있어요. 디지털 미디어 플랫폼에서 콘텐츠를 골라 주는 알고리즘은 불합리한 목소리와 나쁜 콘텐츠를 판단해 주지 않거든요. 알고리즘은 그저 사람들이 플랫폼에 오래도록 머무르게 하는 게 가장 중요한 목표니까요.

그래서 요즘 선진국에서는 디지털 미디어 플랫폼을 규제하자는 움직임이 시작됐답니다. 신문, 방송 등 매스 미디어를 넘어서는 영향력을 갖게 된 만큼 사회적 책임을 지켜야 한다는 거죠.

독일은 디지털 미디어 플랫폼에 조작된 정보나 인종 차별, 성차별 등을 유발하는 말, 즉 '헤이트 스피치'가 올라오면 운영 회사가 신속하게 삭제해야 한다는 법을 만들었어요. 만약 이런 의무를 지키지 않으면 최대 50만 유로(약 6억 200만 원)의 벌금을 내야 한답니다. 또 유럽 의회와 회원국에서는 2019년 새로운 저작권법을 만들었어요. 저작권을 어긴 글, 음악, 동영상 등을 올릴 수 없도록 걸러 주는 '업로드 필터'를 유튜브, 인스타그램 등 플랫폼에 무조건 설치하도록 했어요. 플랫폼이 다른 사람의 권리를 침해하지 못하도록 적극적으로 지키라는 뜻에서죠.

그렇지만 유튜브, 페이스북과 같은 디지털 미디어 플랫폼을 규제하다 보면 다양한 목소리는 아무래도 작아질 수밖에 없겠죠? 디지털 미디어 시대의 그림자를 없애려다가 좋은 점까지 없앨 수도 있다는 거예요. 실제로 유럽에서도 앞서 살펴본 규제가

도입됐을 때 엄청나게 오랜 논의가 이뤄졌답니다. 유럽 같은 선진국이 아닌 정치적으로 불안한 나라에서는 규제가 악용될 가능성도 크지요.

  디지털 미디어 시대에 우리는 플랫폼에 어떤 역할과 책임을 요구해야 할까요? '표현의 자유'는 어디까지 허용하고 어느 정도 수준에서 규제해야 할까요? 엄청난 영향력을 지닌 공룡이 되어 버린 플랫폼을 어떻게 하면 잘 사용할 수 있을지 꼭 한 번 생각해 봐요.

부록

크리에이터를 꿈꾸는
어린이를 위한 지도

크리에이터가 되고 싶은데
어디에서부터 시작해야 할지 막막하다고요?
장비 사용법을 교육해 주고 짧은 기간 동안 장비를 빌릴 수 있는
'영상미디어센터'나 '콘텐츠코리아랩'이 전국에 있답니다.
이런 공간을 이용하면 여러분의 용돈만으로도
충분히 전문적인 장비를 사용해 볼 수 있어요.
우리 함께 크리에이터가 되기 위한 준비를 해 볼까요?

인천콘텐츠코리아랩
https://www.inckl.or.kr
인천광역시 미추홀구 미추홀대로 691
틈 문화창작지대

충북콘텐츠코리아랩
https://www.cbckl.kr/www/index.do
충북 청주시 청원구 상당로 314
청주첨단문화산업단지 1층

전북콘텐츠코리아랩
http://www.jbckl.or.kr
전주시 완산구 전주객사 4길 46
기린오피스텔 4층 (고사동 155-1)

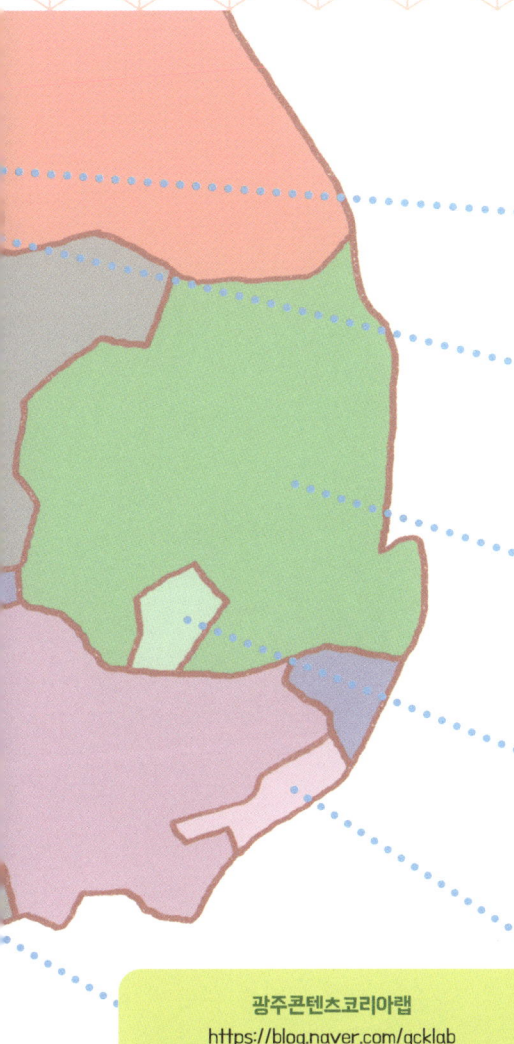

한국콘텐츠아카데미&콘텐츠인재캠퍼스
https://edu.kocca.kr/
서울특별시 동대문구 회기로 66

경기콘텐츠코리아랩
https://gconlab.or.kr
경기도 성남시 분당구 대왕판교로645번길 12
경기창조경제혁신센터 6층,7층

경북콘텐츠코리아랩
http://www.gbckl.kr
경북 안동시 영가로 16 (동부동 123-1)
경상북도문화콘텐츠진흥원 경북콘텐츠코리아랩

대구콘텐츠코리아랩
https://dgckl.kr
대구 동구 동대구로 471 대구콘텐츠센터
9~10층

부산콘텐츠코리아랩
http://cklbusan.com
-센텀메인센터 :
부산광역시 해운대구 수영강변대로 140
부산문화콘텐츠콤플렉스 4~5층
-크리에이터 스튜디오 :
부산광역시 해운대구 수영강변대로 140
부산문화콘텐츠콤플렉스 2층

광주콘텐츠코리아랩
https://blog.naver.com/gcklab
광주광역시 동구 제봉로 96 광주영상복합문화관

제주영상 문화산업진흥원
http://www.jejufc.or.kr
-제주영상미디어센터
제주특별자치도 제주시 첨단로 213-65 1층
-서귀포영상미디어센터
제주특별자치도 서귀포시 동홍로 41

크리에이터를 꿈꾸는 어린이를 위한
유튜브 탐구 생활

초판 1쇄 발행 2020년 4월 29일 | **초판 2쇄 발행** 2021년 6월 11일
글쓴이 연유진 | **그린이** 윤유리
펴낸이 홍석 | **이사** 홍성우 | **편집부장** 이정은
편집 차정민 · 이은경 | **디자인** 권승희
마케팅 이가은 · 이송희 · 한유리 | **관리** 최우리 · 김정선 · 정원경 · 홍보람
펴낸곳 도서출판 풀빛 | **등록** 1979년 3월 6일 제2021-000055
주소 서울특별시 강서구 양천로 583 A동 21층 2110호
전화 02-363-5995(영업) 02-362-8900(편집) | **팩스** 070-4275-0445
전자우편 kids@pulbit.co.kr | **홈페이지** www.pulbit.co.kr
블로그 blog.naver.com/pulbitbooks | **인스타그램** instagram.com/pulbitkids

ⓒ 연유진 2020
ISBN 979-11-6172-233-7 73300

이 도서의 국립중앙도서관 출판예정도서목록(CIP)은 서지정보유통지원시스템 홈페이지(http://seoji.nl.go.kr)와 국가자료종합목록 구축시스템(http://kolis-net.nl.go.kr)에서 이용하실 수 있습니다.
(CIP제어번호 : CIP2020013001)

＊책값은 뒤표지에 표시되어 있습니다.
＊파본이나 잘못된 책은 구입하신 곳에서 바꿔 드립니다.

KC	**품명** 아동 도서	**제조년월** 2021년 6월 11일
	사용연령 10세 이상	**제조자명** 도서출판 풀빛
	제조국 대한민국	**연락처** 02-363-5995
	주소 서울특별시 강서구 양천로 583 A동 21층 2110호	

주의사항 종이에 베이거나 긁히지 않도록 조심하세요.
책 모서리가 날카로우니 던지거나 떨어뜨리지 마세요.
KC마크는 이 제품이 공통안전기준에 적합하였음을 의미합니다.

세계 시민 수업 시리즈

국제앰네스티 한국지부 추천도서
한국출판문화산업진흥원 우수출판콘텐츠 선정도서
세종도서 교양부문 선정도서
환경부 우수환경도서 선정도서

세계 시민 수업 ❶
난민
왜 목숨 걸고 국경을 넘을까?
난민들이 목숨을 걸고 국경을 넘는 이유를 배우고, 난민들이 어떻게 살아가는지를 알아봅니다. 미래의 희망인 난민 아이들의 삶outro 뭉클한 감동을 줍니다.
박진숙 글 | 소복이 그림 | 104쪽

세계 시민 수업 ❷
석유 에너지
전쟁을 일으키는 악마의 눈물
석유는 생활을 편리하게 해 주지만, 환경 오염과 전쟁을 일으키는 무서운 에너지이기도 합니다. 석유를 둘러싼 다양한 문제를 극복할 수 있는 지혜를 배웁니다.
이필렬 글 | 안은진 그림 | 120쪽

세계 시민 수업 ❸
식량 불평등
남아도는 식량, 굶주리는 사람들
전 세계에 식량이 충분한데 10억 명이 굶주림에 시달립니다. 힘센 나라와 거대 기업이 일으키는 문제를 배우고, 우리의 먹거리를 어떻게 지켜 나갈지 알아봅니다.
박병상 글 | 권문희 그림 | 104쪽

세계 시민 수업 ❹
아동 노동
세계화의 비극, 착취당하는 어린이들
전 세계 어린이 중 10퍼센트가 학교 대신 일터로 나가고 있는 충격적인 아동 노동 문제를 알리고, 아동 노동을 없애는 구체적인 방법을 소개합니다.
공윤희 · 윤예림 글 | 윤봉선 그림 | 132쪽

세계 시민 수업 ❺
환경 정의
환경 문제는 누구에게나 공평할까?
지구 온난화, 기후 변화, 생물종 멸종 등 지구에서 벌어지고 있는 환경 문제를 환경 정의의 눈으로 살피고, 지속 가능한 삶을 위한 대안을 알아봅니다.
장성익 글 | 이샛별 그림 | 120쪽

세계 시민 수업 ❻
빈곤
풍요의 시대, 왜 여전히 가난할까?
전 세계가 함께 해결해야 할 빈곤. 아무리 열심히 일해도 가난에서 벗어나지 못하는 이들의 이야기를 살피고, 빈곤을 없애기 위해 해결해야 할 것이 무엇인지 알아봅니다.
윤예림 글 | 정문주 그림 | 136쪽

세계 시민 수업 ❼
혐오와 인권
혐오 표현이 왜 문제일까?
우리 사회에 만연한 '혐오 표현'을 통해 '혐오'가 무엇인지 살핍니다. 혐오로부터 시작되는 차별, 그로 인한 갈등과 폭력. 혐오가 일으키는 문제와 그 대안을 알아봅니다.
장덕현 글 | 윤미숙 그림 | 120쪽

세계 시민 수업 ❽
평화
평화를 빼앗긴 사람들
우리나라 1호 평화학 박사인 정주진 작가는 평화를 빼앗긴 사람들의 삶에 초점을 맞춰 평화가 무엇인지, 평화를 방해하는 것이 무엇인지 알려 줍니다.
정주진 글 | 이중미 그림 | 136쪽

세계 시민 수업 ❾
다문화 사회
다양성을 존중하는 우리
한민족과 다문화 사회에 대한 우리 안의 편견을 알아봅니다. 다양한 문화를 존중하는 사회가 모두가 살기 좋은 사회라는 것을 깨달을 것입니다.
윤예림 글 | 김선배 그림 | 128쪽

세계 시민 수업 ❿
세계 시민
참여와 실천으로 세상을 바꾸다
세계화의 양면을 알려 주며, 모두를 위협할 수 있는 세계화의 그늘 속에서 우리가 어떤 선택을 하고 어떤 가치관을 품어야 할지 이야기합니다.
장석익 글 | 오승민 그림 | 132쪽